KB231125

1인 창업을 위한 책쓰기 교과서

누구나 쉽게 비즈니스 실용서를
쓸 수 있는 46가지 꿀팁

1인 창업을 위한 책쓰기 교과서

발행일   2017년 4월 17일

지은이   백 건 필
펴낸이   북작
편집   북작
디자인   이재호 디자인

출판등록   제 2016 - 000005호
주소   서울특별시 서초구 반포대로23길 13 5층 엘171호(서초동)

ISBN   979-11-960412-0-5 13320 (종이책)   979-11-960412-1-2 15320 (전자책)

이 도서의 국립중앙도서관 출판예정도서목록(CIP)은 서지정보유통지원시스템 홈페이지(http://seoji.
nl.go.kr)와 국가자료공동목록시스템(http://www.nl.go.kr/kolisnet)에서 이용하실 수 있습니다.
(CIP제어번호: CIP2017009433)

1인 창업을 위한 책쓰기 교과서

누구나 쉽게 비즈니스 실용서를
쓸 수 있는 46가지 꿀팁

백건필 지음

1인 지식 창업을 꿈꾸고 있다면 반드시 책부터 써야 한다.

책쓰기는 가장 적은 비용으로 가장 높은 퍼스널 브랜딩 효과를 낼 수 있는 수단이다. 창업을 준비하고 있거나, 사업을 하고 있더라도 한 단계 도약을 꿈꾼다면 반드시 책을 써야 한다. 그러나 지금까지 나온 책쓰기 책들은 원론적인 글쓰기 이론의 나열이나 강의 홍보에 그치는 경우가 많았다. 이에 나는 누구나 쉽게 비즈니스 실용서를 쓸 수 있는 구체적인 노하우가 담긴 책을 쓰고자 했다.

이 책을 읽는 독자들은 다음과 같은 이익을 얻게 된다.

첫째, 기획하기부터 출간하기에 이르기까지 책쓰기의 전 과정을 알 수 있다. 초보 저자가 첫 책을 쓰는 것은 초보 운전자가 길도 모르고 서울에서 부산까지 운전하는 것과 같다. 목적지는 아는데 어떻게 가는지는 모른다. 책쓰기의 전 과정을 알고 책을 쓰는 것은 내비게이션을 찍고 운전하는 것과 같다.

둘째, 내가 15년간 글을 쓰며 정립한 독자적인 책쓰기 이론을 알 수 있다. 구체적인 정보는 없이 동기부여에만 치중한 시중의 책쓰기 책과는 넓

이와 깊이에서 모두 다를 것이다. 이 책에 나온 개념을 제대로 익히면 자신의 책을 쓸 수 있음은 물론 다른 사람의 책을 코칭하기에도 부족함이 없다.

셋째, 실제로 책을 쓰다가 마주칠 수 있는 다양한 문제에 적절하게 대처할 수 있다. 초보 저자가 글이 안 써져서 고민할 때 '일단 무조건 써라'는 조언은 별 도움이 되지 않는다. 이 책에서 나는 이런 장애물을 돌파하는 실질적인 팁을 아낌없이 공개했다.

이 책은 총 5개의 장으로 구성되어 있다. 1장 기획하기, 2장 제목 및 목차 정하기, 3장 자료 수집하기, 4장 원고 집필하기, 5장 출간하기이다. 이는 책을 쓰려면 누구라도 반드시 거쳐야 하는 과정이다. 다른 책에 비해서 자료 수집하기에 많은 분량을 안배한 이유는 실질적인 집필은 자료수집 단계에서부터 시작되기 때문이다. 자료의 양과 질은 곧 책의 양과 질이라고 할 수 있다. 또한, 출간하기에도 많은 분량을 안배했다. 이는 실제 출간에 대해 지레 겁을 먹는 초보 저자들이 많기 때문이다. 아무리 아름다운 날개가 생겼어도 허물을 벗고 날아올라야 비로소 나비가 된다. 단순히 책을 쓴 것에 만족하지 말고, 전국의 서점에 자신의 책이 진열되고 팔리는 기쁨을 맛보길 바란다.

잊지 말아야 할 사람들이 있다. 항상 아버지처럼 옆에서 챙겨주시는 황선찬 작가님, 든든한 교육 동반자 오대교 작가님, 아토피 환우들의 등불이 되시는 윤명화 작가님, 세상을 밝히는 웃음 전도사 남종현 작가님, 어떤 모임이든 행복하게 만드는 고희현 작가님에게 감사하다는 말씀을 전하고 싶다. 나 혼자서는 올 수 없는 길이었다. 함께 웃고 떠들며 오르다 보니 어느새 보이고 들리는 것이 달라져 있었다. 끝으로 내 삶의 좌우명이 된 백범 김구 선생의 말씀으로 《1인 창업을 위한 책쓰기 교과서》의 첫 장을 열고자 한다.

"할 수 없는 일을 하지 않으면 갈 수 없는 길에 이를 수 없다."

2017년 4월

책쓰기 교육 전문가 백건필

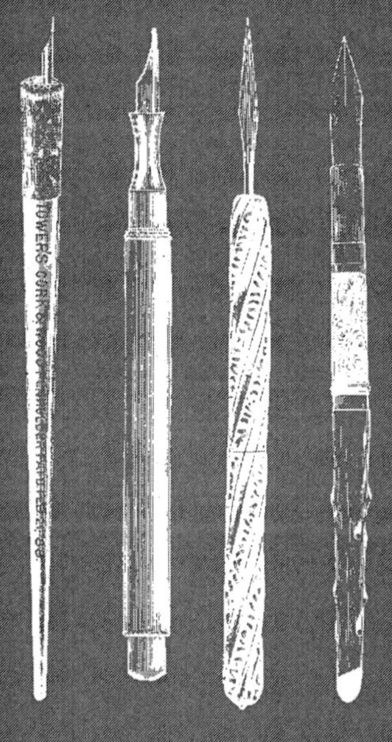

Chapter 1
기획하기

"같은 생선이지만 한 놈은 회가 될 운명이고 한 놈은 매운탕 재료가 될 운명이다.
무엇이 더 인기 있는 요리가 될까? 물론 답은 없다. 같은 소재이지만 전혀 다른 형태로
요리되는 것. 이것이 바로 콘셉트다." - 이홍, 《만만한 출판기획》

1. 기획의 중요성

　기획이란 특정한 목적을 달성하기 위해 '무엇'을 할지를 그리는 것이다. 반면 계획은 그 '무엇'을 '어떻게' 실현할지를 그리는 것이다. 즉, 기획이 'What to do'라면 계획은 'How to do'에 해당한다. 이를 책쓰기에 적용하면 '어떤 책을 써야겠다'는 기획이고 '이 책을 어떻게 써야겠다'는 계획이다. 기획이 잘못되면 아무리 계획을 잘 세워도 소용없다. 이는 내비게이션에 목적지를 잘못 입력하면 아무리 운전을 잘해도 엉뚱한 곳에 가는 것과 같다.

기획의 순서

　리오 메구루의 《잘 팔리는 공식》에 의하면 물건을 팔 때는 what ＞ who ＞ how의 순서를 따라야 한다. 이는 책을 기획할 때도 마찬가지다. 무엇을 누구에게 어떻게 전달해야 할지 고민하는 것이 출판기획이다. '무엇'은 책의 주제다. 주제를 정할 때는 시대적, 사회적 상황, 즉 트렌드를 반영해야 한다. '누구에게'는 예상 독자다. 책의 분야와 주제에 따라 예상 독자는 달라진다. '어떻게'는 콘셉트다. 똑같은 주제의 책이라도 예상 독자에 따라 얼마든지 다르게 쓸 수 있다. 예를 들면 '책쓰기 책'이라고 해도 1

인 창업가를 대상으로 한 책과 작가 지망생을 대상으로 한 책은 다를 수밖에 없다.

📓 마켓 인

기획에는 '마켓 인(market-in)'과 '프로덕트 아웃(product-out)'이 있다. 마켓 인 방식은 철저한 시장조사를 바탕으로 책을 기획해서 시장에 뛰어드는 것을 말한다. 즉 저자가 쓰고 싶은 책이 아닌, 세상이 원하는 책을 쓰는 것이다. 대부분의 기획출간은 마켓 인 방식이라고 볼 수 있다. 예를 들어 요즘 힐링 계열의 책이 유행한다면 힐링에 관한 책을 기획하고, 정치에 관한 관심이 급증하고 있으면 정치에 관한 책을 기획하는 식이다. 이럴 경우 외부에서 원고를 투고 받기보다 출판사가 기획하고 작가를 섭외하는 것이 일반적이다. 2016년 말 최순실의 국정농단 사태로 전 국민의 정치에 관한 관심이 높아지자 발 빠른 출판사는 곧바로 《국가란 무엇인가》(유시민, 돌베개)를 출간했다.

마켓 인은 흔히 '미투(me too) 전략'으로 나타나기도 한다. 출판시장은 한 치 앞도 예측하기 어려운 지뢰밭을 걷는 것과 같다. 남들이 밟았던 발자국을 따라 걷는 것이 안전하다. 일례로 2015년에서 2016년에 걸쳐 《미움받을 용기》가 히트하자 《인생에 지지 않을 용기》 등 온갖 'ㅇㅇ 않을 용기' 시리즈가 뒤를 이어 출간되었다. '아침형 인간'이 붐을 일으키자 '아침형 인간 - 실천 편'이 쏟아져 나온 일도 있다.

마켓 인으로 기획할 때는 유행과 트렌드를 잘 구분해야 한다. 유행은 1~2년 단위로 찾아오는 작은 물결이고 트렌드는 5~10년 단위로 찾아오는 큰 물결이다. 예를 들면 '메르스'는 유행이라고 할 수 있고 '인공지능'은 트렌드라고 할 수 있다. 유행을 좇기에 급급하면 언제나 한 발짝 늦는다. 책을 기획하고 준비하는 동안 이미 유행이 지나간다. 하지만 트렌드에 주목해서 충분한 사전 준비를 거쳐 양질의 책을 출간하면 출판시장을 이끌 수 있다.

✎ 프로덕트 아웃

프로덕트 아웃은 작가가 자신만의 독특한 콘텐츠를 시장에 내놓는 것을 말한다. 예를 들어 일식 돈가스집이 잘 나간다고 해서 너도나도 일식 돈가스 프랜차이즈에 뛰어드는 것은 마켓 인 방식이다. 하지만 전통 시장 한 모퉁이에서 30년째 같은 자리를 지키며 돼지국밥 한 가지 메뉴만 팔고 있는 욕쟁이 할머니 집은 프로덕트 아웃 방식이다. 즉 프로덕트 아웃은 시장에 작가를 맞추는 마켓 인과 달리 작가가 시장에 출사표를 던지는 방식이다. 프로덕트 아웃은 대개 원고 투고로 출간이 진행된다.

수험서 분야에서 100만 부 이상 팔린 《국어의 기술》은 대학생 저자가 자신의 수험 경험을 바탕으로 쓴 국어 학습서다. 저자는 국어국문학을 전공한 것도 아니고 교사나 학원 강사도 아니었다. 처음에 여러 출판사에 투고했으나 받아주는 곳이 없어서 자비출간을 했다가 나중에 가능성을 알아본 출판사에 의해 재출간되어 대박이 난 사례다. 《영혼을 위한 닭고기 스프》도 100번이 넘는 거절 끝에 출간되어 전 세계 47개국에서 수백만 부가 넘게 팔렸다. 이런 프로덕트 아웃 성공사례들은 공통적으로 콘텐츠가 뛰어나고 대중성을 갖추고 있다.

잊지 말아야 할 점은 프로덕트 아웃으로 출판시장에서 성공할 확률은 5% 미만이라는 것이다. 예상 판매 부수가 3,000부 이하라면 출판사는 절대로 모험을 택하지 않는다. 1쇄가 안 나가면 출판사는 무조건 적자를 본다. 최근 스마트폰이 종이책을 대체하고 출판시장이 열악해 지면서 출판사는 더욱 신중해지고 있다. 판매 실적으로 검증받은 저자가 아니면 어지간해서는 투자하지 않는다. '내 책은 내기만 하면 무조건 대박이 날 거야'하는 근거 없는 자신감으로 프로덕트 아웃을 고집하는 것은 순진한 태도다.

📝 마켓 인 vs 프로덕트 아웃

마켓 인과 프로덕트 아웃은 적절한 조화를 이루어야 한다. 특히 1인 창업을 염두에 두고 있다면 더욱 그렇다. 1인 창업을 위한 책은 예상 독자의 범위가 너무 좁아서 시장성이 없거나, 반대로 너무 넓어서 두루뭉술한 경우가 많다. 마켓 인 방식으로 시장성을 확보하고 프로덕트 아웃 방식으로 차별화된 콘텐츠를 책에 담을 때 비로소 효과적인 퍼스널 브랜딩이 된다. 그러기 위해서는 출간기획을 통해 주제와 예상 독자와 콘셉트를 확실하게 정해야 한다.

2. 주제 정하기

기획할 때는 제일 먼저 주제를 정해야 한다. 주제는 '무엇에 관해 책으로 쓸 것인가'를 말한다. '분야'가 대분류라면 '주제'는 소분류에 해당한다. 예를 들면 '수험서' 분야에서 '논술'에 관한 책을 쓰겠다면 '논술'이 주제가 된다. '경제 경영' 분야에서 '소책자 마케팅'에 대한 책을 쓰겠다면 '소책자 마케팅'이 주제가 된다. 주제를 정할 때는 자신이 잘 알고, 쓸 수 있는 것을 정하는 것이 중요하다.

자신이 잘 아는 주제

가장 좋은 주제는 자신이 잘 아는 주제다. 어떤 주제에 관해서 오랫동안 탐구해 왔다면 자연스럽게 관련 자료도 많이 쌓이고 나름의 관점이 생긴다. 이것을 목차를 짜서 적절하게 엮으면 한 권의 책이 된다. 많은 초보 저자들이 저지르기 쉬운 실수가 본인이 잘 알지도 못하는 주제를 책으로 쓰려고 하는 것이다. 이는 자신이 잘 모르는 업종을 창업하는 것만큼이나 위험하다. 나의 경우 교직에서 8년간 근무하며 국어를 가르쳐 왔기 때문에 자연스럽게 수험서를 쓰게 되었다. 책쓰기는 일종의 벤처 사업이다. 사업은 자신이 가장 잘 아는 영역을 해야 한다. 그렇지 않으면 99%

망한다.

가르쳐주고 싶은 주제

어떤 일을 지속해서 하다 보면 남에게 가르쳐주고 싶은 것들이 생긴다. 사람들이 자신에게 비슷한 질문을 반복해서 한다면 그것을 답변과 함께 묶어서 책으로 내 보자. 예를 들어 내가 다른 필명으로 출간한 《퍼펙트 자소서》는 자소서에 대해서 학생들이 자주 물었던 질문에 대한 답변을 한 권의 책으로 묶은 것이다. 이 책도 마찬가지다. 주변 사람들이 나에게 '어떻게 하면 책을 출간할 수 있느냐?'고 묻는데 내용이 워낙 방대해서 한 마디로 답해 줄 수 없었다. 그래서 책쓰기와 관련된 모든 정보를 기획에 서부터 출간까지 한 권의 책으로 묶었다. 이제 누가 나에게 책쓰기에 관해 물어보면 《1인 창업을 위한 책쓰기 교과서》를 보라고 자신 있게 말할 수 있다.

지금 공부하고 있는 주제

자신이 지금 공부하고 있는 분야도 훌륭한 주제가 된다. 아니, 공부하기도 바쁜데 무슨 책이냐고? 책은 박사 학위쯤 따야 낼 수 있는 것 아니냐고? 아니다. 아직 공부하고 있는 단계이기 때문에 더욱 책을 써야 한다. 책쓰기는 최고의 학습법이다. 공부는 입력만으로는 완성되지 않는다. 책을 쓴다는 목적 의식을 가지고 공부해야 짧은 시간에 많은 정보를 받아들일 수 있다. 나는 관심 분야가 생기면 무조건 그 분야에 관한 책을 쓸 것을 전제로 공부한다. 현재 내가 흥미를 느끼는 분야는 창의력, 마케팅, 스피치, 창업이다. A 분야의 책을 쓰면서 틈틈이 B 분야의 공부를 하니 지루할 틈이 없다. 또 각 분야가 서로 영향을 주고받아서 생각지도 못한 아이디어가 떠오르기도 한다.

사업과 관련된 주제

현재 어떤 사업을 하고 있다면 그것을 주제로 책을 써야 한다. 책쓰기는 모든 비즈니스의 시작이다. 책을 써야 퍼스널 브랜딩이 되고 전문가로 인정받을 수 있다. CEO에 대한 신뢰는 곧 제품에 대한 신뢰로 이어진다. 학원 사업을 하는가? 강의 시간을 줄여서라도 책을 써라. 당장의 손해는 나중에 몇 배의 보상으로 돌아온다. 식품 사업을 하는가? 가게 문을 일찍 닫더라도 책부터 써라. 총각네 야채가게도 책을 출간한 이후 매출이 급상승했다. 마케팅 강사인가? 그동안 쌓아놓은 강의안을 책으로 바꿔라. 강의기획서를 돌리지 않아도 기업이 먼저 불러준다. 어떤 일을 하더라도 책을 먼저 써야 브랜딩이 되고 브랜딩이 되어야 사람들이 찾는다. 잘 나온 책 한 권은 수천만 원, 수억 원 이상의 마케팅 효과가 있다.

자신이 좋아하는 주제

자신이 좋아하는 주제가 있다면 그것도 책의 주제가 될 수 있다. 물론 당장은 해당 주제에 대한 지식이나 노하우가 부족할 수도 있다. 그럴 때는 해당 주제에 대한 정보를 모아 보자. 정보의 창작자가 아닌 큐레이터가 되는 것이다. 혹시 인터넷에 떠돌아다니는 'OO 하는 50가지 방법' 식의 포스팅을 저장하거나 공유한 적이 있는가? 여기저기 흩어져 있는 정보를 일목요연하게 볼 수 있다면 독자는 그것들을 일일이 찾아야 하는 시간과 노력을 절약할 수 있다. 독자들이 해당 주제에 대해 가장 궁금해 할 정보를 100개만 찾아서 책으로 묶어보자. 고상하고 어려운 책보다도 독자들에게 훨씬 많은 도움을 줄 수 있다.

🗒 실용서를 써라

요즘 초보 저자들이 자기계발서를 쓰는 것이 유행처럼 번지고 있다. 그러나 나는 1인 창업을 하려면 자기계발서보다 실용서를 먼저 쓰라고 권하고 싶다. 그 이유는 첫째, 최근 수준 미달의 자기계발서가 쏟아져 나오면서 이에 대한 독자들의 시선이 곱지 않다. 둘째, 자기계발서로는 비즈니스를 시작하기 힘들다. 누구나 앤서니 라빈스처럼 유명한 동기부여가 될 수 있는 것은 아니다. 실용서를 쓰면 당장 누군가에게 무언가를 가르칠 수 있어서 비즈니스를 시작할 수 있다. 셋째, 아직 성공하지 못한 상태에서 자기계발서를 쓰면 자신을 과장하게 된다. 첫 책을 진실하지 못하게 출간하면 그 후로는 주위의 이목 때문에 이를 바로잡기 힘들다. 그러나 실용서는 실질적인 정보를 위주로 쓰기 때문에 자신을 과장할 필요가 없다.

3. 예상 독자 분석하기

예상 독자란 내 책을 읽을 것으로 예상되는 독자를 말한다. 예상 독자에는 핵심독자와 확산독자가 있다. 핵심독자는 직접 내 책을 읽을 독자이다. 예를 들어 수험서를 출간한다면 학생이 핵심독자가 된다. 확산독자는 핵심독자와 관련되어 내 책을 읽을 확률이 높은 이차적인 독자이다. 수험서라면 학부모나 교사가 확산독자가 된다. 예상 독자 분석은 출간기획의 핵심이다.

예상 독자 분석법

예상 독자 분석에는 인구통계학적 자료로 분석하는 방법과 라이프 스타일로 분석하는 방법이 있다. 인구통계학적으로 분석하는 것은 페이스북에서 타깃을 설정하듯이 나이, 성별, 취미 등으로 예상 독자를 세분하는 것을 말한다. 라이프 스타일로 분석하는 것은 스스로 예상 독자가 된 것처럼 가정하고 아침에 일어나서 잠자리에 들 때까지 예상 독자의 동선을 추적하며 숨겨진 욕구를 파악하는 방법이다.

예상 독자 분석의 핵심은 독자의 욕망을 파악하는 것이다. 예상 독자가 무엇을 간절히 바라고 무엇을 몸서리치게 두려워하는가? 책이 예상 독자가 간절히 바라는 것을 채워주면 독자는 그 책을 산다. 예를 들어 창업 자본 때문에 고민인 독자가 있다면 《무자본으로 창업할 수 있는 비법》이라는 책을 살 확률이 높다. 또한, 책이 예상 독자가 두려워하는 것을 제거해 주어도 독자는 그 책을 산다. 예를 들어 아토피 때문에 고통스러워하는 독자가 있다면 《아토피를 정복하는 자연치유법》이라는 책을 살 확률이 높다.

예상 독자의 문제점을 정의하기가 어렵다면 '상황＋정서'로 접근해 보자. 예상 독자가 어떤 상황에 부딪쳤을 때 어떤 감정을 느낄까? 예를 들어 보험 세일즈에 대한 책이라면 '보험 세일즈를 하려고 지인들에게 연락을 하면(상황)＋거절당할까 봐 두려운(정서)' 것이 예상 독자의 문제가 될 것이다. 책은 문제가 되는 '상황'을 해결해 주거나 그로 인한 부정적인 '정서'를 해결해 주면 된다. 인터넷을 통한 마케팅에 관한 책은 '상황'에 대한 해결책이 되고, 세일즈 심리학이나 성공 마인드에 대한 책은 '정서'에 대한 해결책이 된다.

📝 책 리뷰

예상 독자는 기존 독자 위에 겹치는 경우가 많다. 예를 들어 글쓰기에 관한 책을 산 독자는 다음에도 글쓰기에 관한 다른 책을 살 확률이 높다. 평소 꾸준히 관심을 가지는 데다가 인터넷 서점의 프로그램이 지난 구매 내역과 일치하는 신간을 추천해주기 때문이다. 따라서 내가 쓰고자

하는 책과 유사한 주제를 다룬 책의 리뷰를 보면, 독자들이 어떤 면에서 만족하고 어떤 면에서 불만족하는지를 파악할 수 있다. 만족한 면은 벤치마킹하고 불만족한 면은 자신의 책에서 해결해주면 된다.

페르소나

예상 독자는 불특정 다수가 아닌 '단 한 명'의 독자를 설정해야 한다. 이를 '페르소나(persona)'라고 한다. persona를 풀면 'person a'가 된다. 즉, 특정한 사람 A를 예상 독자로 가정하고 감정 이입해서 그 사람이 무엇을 바라고 무엇을 두려워하는지를 분석하는 것이다. 예상 독자는 얼굴을 떠올릴 수 있는 주변 인물 중 한 명을 선택하는 것이 좋다. 물론 그 사람은 예상 독자 전체를 대표할 수 있는 전형성을 지닌 사람이어야 한다.

단 한 명의 독자를 전제한다는 점에서 책은 연애편지와 같다. 《논리적이면서도 매력적인 글쓰기의 기술》(강미은, 원앤원북스)에 의하면 연애편지와 글은 다음과 같은 측면에서 공통점이 있다.

첫째, 독자가 분명하다.
둘째, 목적이 분명하다.
셋째, 자신의 역량을 총동원하여 쓴다.
넷째, 좋아하는 대상에 관해 쓴다.
다섯째, 사랑으로 쓴다.

공감 지도

예상 독자의 욕구를 파악하려면 대충 짐작만 해서는 안 된다. 형사가 범인을 프로파일링하듯 철저하게 독자가 되어서 보고, 듣고, 생각해야 한다. 엑스플레인(XPLANE) 사가 개발한 공감 지도(the Empathy map)는 예상 독자에게 감정 이입할 때 매우 유용한 도구다. 예상 독자는 무엇을 생각하고 느끼는가? 귀에 무엇이 들리는가? 눈에 무엇이 보이는가? 무엇을 말하는가? 무엇이 고통스러운가? 무엇을 희망하는가? 독자가 원하는 것을 알려면 스스로 독자가 되어야 한다.

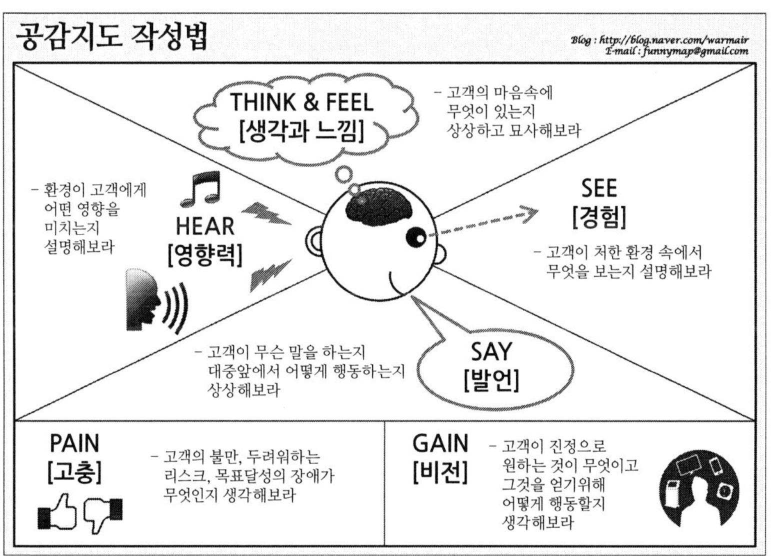

"독자의 옆에 서는 것이 아니라 독자와 같은 의자에 앉는 것이 중요하다. 독자와 같은 의자에 앉아서 어깨를 나란히 하고 같은 풍경을 보는 것이다. 그러면서 비로소 자신도 독자가 되며 진정한 의미로 독자를 이해할 수 있다."

- 고가 후미타케, 《문장수업》, 경향BP

4. 콘셉트 잡기

콘셉트(concept)는 말 그대로 해석하면 'con(함께) + cept(잡다)'라고 풀이할 수 있다. 즉 이리저리 흩어진 구슬들을 하나로 꿰는 것이 콘셉트다. 이때 어떤 관점으로 꿰느냐에 따라 콘셉트가 달라진다. 예를 들어 스티브 잡스의 일생에 관한 글을 CEO의 관점에서 꿰면《스티브 잡스의 경영철학》과 같은 책이 되고 청년 멘토라는 관점에서 꿰면《스티브 잡스가 청년들에게 남기고 간 말들》과 같은 책이 될 수 있다.

콘셉트와 예상 독자

콘셉트를 알기 쉽게 정의하면 '예상 독자의 문제에 대한 차별화된 솔루션'이라고 할 수 있다. 차별화란 고객이 우리를 선택할 이유를 만들어 주는 것이다. 차별화를 하면 똑같은 주제로도 100개의 다른 콘셉트가 나올 수 있다. 같은 '책쓰기'라는 주제에 대해 강사라면《강사를 위한 책쓰기의 기술》과 같은 책에 반응할 것이고 CEO라면《CEO를 위한 책쓰기 퍼스널 브랜딩》과 같은 책에 반응할 것이다. 취미로 책을 쓰고자 하는 사람이라면《아침 1시간 모닝 책쓰기》와 같은 책에 반응할 것이다. 이처럼 콘셉트는 예상 독자 분석과 밀접한 관련이 있다.

🗒 차별화

콘셉트의 핵심은 '차별화'이다. 차별화란 남과 다른 것이다. 본죽 대표 정성이 죽 사업을 시작하자 주변에서 "왜 하필 죽이야?"하고 물었다. 그러자 그는 대답했다. "남들이 하지 않는 거니까요." 수많은 경쟁도서 사이에서 독자의 눈에 띄려면 보랏빛 소가 되어야 한다. 《악당의 명언》이라는 책은 다른 명언집과 비교할 때 분명한 차별성이 있다. 악당의 명언이라니 뭔가 바로 써먹을 수 있는 실질적인 조언을 줄 것 같다. 《인생을 풍요롭게 하는 명언》 같은 책은 눈에 띄지 않는다. 차라리 《냉장고에 붙여두고 싶은 일상의 명언》이나 《미혼 여성을 위한 언니의 조언》과 같은 책은 어떨까?

🗒 보편성

한편 콘셉트는 보편성도 가지고 있어야 한다. 아무리 개성 있는 얼굴도 보편적인 미의 기준에 부합하지 않는다면 이성의 마음을 끌기 어렵다. 책도 마찬가지다. 다이어트라는 문제에 대해 《일주일에 3킬로 빠지는 하루 10시간 운동법》과 같은 책은 보편성이 없다. 아무리 살을 빼고 싶어도 하루 10시간씩 운동하고 싶은 사람은 없을 것이다. 책은 사람들의 보편적인 문제를 차별화된 방법으로 해결해 주어야 한다. 바꾸어 말하면 사람들에게 먹히는 개성이 콘셉트다. 개성적이되 보편적이어야 하고, 차별성을 가지되 트렌드에 맞아야 한다.

콘셉트와 긴밀한 관계에 있는 것이 포지셔닝이다. 포지셔닝이란 독자의 머릿속에 당신의 책만을 위한 자리를 마련하는 것이다. 심리학책을 쓴다고 가정해 보자. 기존 책들이 타인의 심리를 분석하는 쪽에 포지셔닝하고 있다면 상대적으로 자신의 심리를 이해하는 위치가 비어 있다. 이쪽을 공략하면 자기 심리 이해에 목마른 독자들의 욕구를 충족시킬 수 있다.

포지셔닝은 기준 축을 어떻게 잡느냐에 따라 다양하게 설정할 수 있다. 이때 필요한 것이 이항 대립적 사고이다. 이항 대립적 사고는 어떤 개념을 반대되는 것과 짝지어서 이해하는 것을 말한다. 예를 들어 기존의 심리학책이 감성적이라면 이성적인 정보를 제공하는 쪽으로 포지셔닝할 수 있다. 기존의 심리학책이 지나치게 전문적이라면 입문자를 위한 쉬운 심리학책으로 포지셔닝할 수 있다. 기존의 심리학책이 지식 위주라면 재미 위주로 포지셔닝할 수 있다.

요컨대 같은 공간에서 경쟁하지 말고 당신의 책만을 위한 별도의 공간을 찾아 주는 것이 포지셔닝이다. 포지셔닝은 생각의 프레임을 결정한다. 포지셔닝을 어떻게 하느냐에 따라 같은 것도 다르게 보인다. '세계에서 20번째로 높은 빌딩'보다 '우리나라에서 가장 높은 빌딩'으로 포지셔닝 하는 것이 더 매력적이다. 포지셔닝이 잘 되면 그것만으로 차별화가 이루어지며 분명한 콘셉트가 생긴다.

《끌리는 사람은 1%가 다르다》(이민규, 더난)는 심리학자가 쓴 책이지만 자기계발서로 성격을 바꿔 출간해서 베스트셀러가 되었다. 베스트셀러 종합 1위를 기록한 《인생 수업》(엘리자베스 퀴블러 로스, 이레)도 원서는 '인문서'로 분류된 책이지만 국내에서 '마음서'로 성격을 바꿔 재출간해서 성공했다. 《지적 대화를 위한 넓고 얕은 지식》(채사장, 한빛비즈)은 가벼운 처세서와 딱딱한 전공서로 양분된 인문학 분야에서 '교양으로서의 인문학'이라는 틈새를 찾아내서 성공한 사례다.

5. 경쟁도서 분석하기

　한 권의 책을 쓰기 위해서는 최소한 20~30권의 경쟁도서를 사서 분석해야 한다. 경쟁도서는 크게 2가지 측면에서 분석한다. 독자들이 책에 대해 마음에 들어 하는 점과 마음에 들어 하지 않는 점이다. 독자들이 마음에 들어 하는 점은 벤치마킹하고 마음에 들어 하지 않는 점은 자신의 책에서 보완한다. 문제를 알면 해결책이 보이고 그러면 자신이 어떤 책을 써야 하는지 알 수 있다.

📝 분석표 작성

　우선 엑셀이나 워드로 분석표를 만들어서 제목, 출판사, 모방할 부분, 보완할 부분, 인용구 등을 체계적으로 정리하자. 경쟁도서의 제목은 내 책의 제목이나 목차 제목을 정할 때 참고할 수 있다. 경쟁도서의 출판사는 내 원고를 투고할 때 참고할 수 있다. 사실상 경쟁도서들의 출판사가 내가 투고할 출판사 리스트라고 보면 된다. 출판사마다 특화된 분야가 있어서 기존에 출간했던 분야의 책을 다시 출간하려는 경향이 있다. 예컨대 마케팅 책을 문학 전문 출판사에 투고하는 것은 시간 낭비일 것이다.

모방할 부분과 보완할 부분은 출간기획서의 각 항목에 맞춰서 점검한다. 특히 주목할 것은 보완할 부분이다. 어떤 책이든 완벽한 책은 없다. 베스트셀러라고 할지라도 아쉬운 점이 한두 군데 있게 마련이다. '이것만 보완하면 대박이 날 텐데' 하는 바로 그것을 당신의 책에 써라. 독자들은 자신이 무엇을 원하는지 잘 모른다. 작가가 책으로 써서 알려주어야 비로소 '맞아, 내가 찾던 책이 바로 이거야!' 하고 무릎을 친다.

모델 북 선정

경쟁도서를 분석하다 보면 '아! 딱 이 책처럼 썼으면 좋겠다' 싶은 좋은 책이 있다. 이런 책은 모델 북으로 선정해서 철저하게 분석해야 한다. 그리고 잘된 요소를 추출해서 내 책에 녹여 넣어야 한다. 모방은 결코 나쁜 것이 아니다. 오히려 가장 효과적인 학습법이다. 세계적인 동기부여가 앤서니 라빈스는 《무한능력》에서 이렇게 말한다.

"본받기(모델링)는 탁월성을 얻을 수 있는 지름길이다. 다시 말해서, 이 세상에 내가 원하는 성공을 이룬 사람이 존재하고, 내가 그 사람처럼 기꺼이 시간과 노력을 기울일 용의가 있으면, 나도 그 사람과 같은 성공을 거둘 수 있다는 것이다. 성공을 위하여 우리가 해야 할 일은 본받을 모델을 찾는 것이다."

모델 북 해킹

모델 북을 따라 할 때는 반복적으로 읽으면서 제목, 부제, 홍보문구, 프로필, 앞뒤 날개 문구, 뒤표지 문구, 서문 및 후기, 목차, 부록, 각 꼭지 시작 문구, 각 꼭지 정리 문구, 에피소드의 제시방법, 수사법, 삽화에 이르기까지 그야말로 철두철미하게 분석하고 따라 해야 한다. 나는 이것을 '모델북 해킹'이라고 부른다. 해킹의 본래 의미는 시계의 톱니바퀴를 뜯어내는 것처럼 분석대상의 구성 요소를 분해해서 작동원리를 파악하는 것을 말한다. 이때 아무리 사소한 것도 빠짐없이 분석하는 것이 중요하다. 가수 김건모는 자신의 우상인 스티비 원더처럼 되고 싶어서 그가 피우는 담배까지 따라서 피웠다고 한다.

모델링을 할 때 가장 좋은 방법은 본받고 싶은 꼭지를 정해서 형식은 똑같이 유지하되 내용만 바꿔서 다시 써보는 것이다. 기왕이면 손으로 첫 글자부터 마지막 글자까지 써보는 것이 좋다. 이것만 제대로 해도 어떤 책 쓰기 코치가 알려주는 것보다 더 많은 것을 깨달을 수 있다. 참고로 나는 20대 초반 습작 시절 스즈키 코지의 《링》 시리즈 1, 2, 3권을 모두 처음부터 끝까지 필사했다. 그 결과 들쭉날쭉하던 문체가 정갈하게 안정되었고 소설적 구성 능력이 향상될 수 있었다.

6. 브랜드 세팅하기

　1인 기업가들이 책을 출간하는 목적은 퍼스널 브랜딩을 하기 위해서이다. 그러나 퍼스널 브랜드는 책을 출간한 다음에 세팅하면 늦는다. 퍼스널 브랜드는 책을 기획할 때부터 세팅해야 한다. 책이 그대로 강의 상품이 되고 브랜드로 이어지는 경우가 많기 때문이다. 브랜드를 처음에 제대로 세팅하지 않으면 나중에는 수정하기 힘들다.

필명

　필요하다면 필명을 짓는 것도 좋다. 1인 기업가는 저자의 이름이 곧 브랜드명이 되기도 한다. 필명은 동명이인이 별로 없어야 하고, 자신의 업(業)과 관련이 있어야 하되 너무 작위적이어서는 안 된다. 그런 의미에서 나는 시인 김소월이나 바둑 기사 이세돌이 정말 좋은 이름이라고 생각한다. 동명이인이 거의 없고 작위적이지 않으면서도 그들의 업을 연상시키기 때문이다. 단, 필명은 한번 정하면 나중에 바꾸기 어려우므로 신중히 정해야 한다. 전문작가가 아닌 이상 굳이 필명을 쓸 필요는 없다.

브랜드 네임

브랜드 네임은 필명과 마찬가지로 다른 브랜드와 차별화되면서 브랜드의 업을 나타낼 수 있어야 한다. 또 될 수 있는 대로 기억하기 쉽고 발음하기 쉬워야 한다. 기왕이면 .com 도메인이 남아있는 것이 좋다. 브랜드 네임이 정해지면 블로그, 카페, 페이스북, 유튜브 등 모든 주소에 일관성 있게 브랜드 네임을 넣어야 한다.

참고로 내 브랜드 네임은 '백묵(baekmooc)'이다. '백건필'에서 '백'을 가져왔고 '온라인 공개 수업(Massive Open Online Course)'을 의미하는 무크(mooc)에서 '묵'을 가져왔다. 발음이 쉽고 글자 수가 적어서 기억하기 좋다. 또 '백묵'은 흰 분필을 의미하므로 책쓰기 교육이라는 비즈니스와도 밀접한 관련이 있다.

핵심가치

핵심가치란 자신이 추구하는 궁극적인 가치를 단 하나의 단어로 표현한 것이다. 예들 들어 나이키의 핵심가치는 'achievement(성취)'이다. BMW의 핵심가치는 'joy(즐거움)'고 애플의 핵심가치는 'innovation(혁신)'이다. 참고로 백묵의 핵심가치는 'brilliant'(훌륭한, 멋진, 눈부신)다. 책쓰기를 통해 사람들이 더욱 훌륭하고 눈부신 인생을 살 수 있도록 돕겠다는 의미를 담고있다.

✎ 슬로건

슬로건은 핵심가치를 달성하기 위해 해야 할 행동이나 과제를 짧은 문구로 표현한 것이다. 즉, 해당 브랜드의 비전을 담고 있는 문구라고 볼 수 있다. 핵심가치는 변하지 않지만 슬로건은 5~10년을 주기로 변할 수 있다. 나이키의 슬로건은 'JUST DO IT'이다. 왜? '성취'를 하기 위해서. BMW의 슬로건은 'The Ultimate Driving Machine'이다. 왜? '달리는 즐거움'을 위해서. 애플의 슬로건은 'Think different'다. 왜? '혁신'을 일으키기 위해서. 참고로 백묵의 슬로건은 'Write now'이다. 왜? 훌륭해지기 위해서!(* 발음상 'Write now'와 'Right now'의 의미가 중의적으로 들어있다.)

✎ 로고, 심볼, 컬러

브랜드는 하나의 글자체, 하나의 상징, 하나의 색을 독점하는 것이 좋다. 누구나 '코카콜라' 하면 리본 모양의 서체와 흰곰, 그리고 빨간색이 떠오른다. 이러한 요소들이 완벽하게 브랜드의 일부가 된 것이다. 참고로 '백묵'의 로고는 baekmooc의 머리글자인 B를 상징물인 깃털 펜의 모양으로 형상화해서 '책을 쓴다'는 의미를 담았다. 또한, 브랜드 컬러는 종이와 글자를 상징하는 흰색과 검은색이다. '백묵'의 '백'이 흰색을, '묵'이 검은색을 의미하기도 한다.

✎ 태그라인

태그라인은 브랜드의 정체성을 의미하는 표어 형태의 짧은 문구이다.

보통 브랜드 네임의 앞에 붙어서 제시된다. 예를 들어 '고객이 행복할 때까지, 오케이 에스케이 SK'에서 '고객이 행복할 때까지'는 슬로건이고 '오케이 에스케이'는 태그라인이 된다. 슬로건은 태그라인이 될 수 있지만 태그라인은 슬로건이 될 수 없다.

자신의 이름 앞에도 태그라인을 붙여보자. 태그라인은 8글자 이내로 자신을 정의할 수 있어야 한다. 태그라인을 붙일 때는 '해당 분야의 필수 키워드 + 차별화 키워드'로 구성하는 것이 좋다. 필수 키워드와 차별화 키워드의 조합은 '브랜드 코디네이터'와 같이 이질적일수록 인상적이다. 참고로 나의 태그라인은 '책쓰기 교육 전문가'이다. '책쓰기'라는 필수 키워드와 '교육 전문가'라는 차별화 키워드로 구성되어 있다. 브랜드의 성장에 따라 태그라인은 바뀌거나 생략될 수 있다.

• 태그라인의 예

박용후 - 관점디자이너

앤서리라빈스 - 성공코치

김정운 - 여러 가지 문제 연구소장

김창옥 - 대한민국 1호 보이스 컨설턴트

공병호 - 변화경영전문가

유영만 - 지식생태학자

김형곤 - CEO 가정교사

이장우 - 아이디어 닥터

7. 베스트셀러의 공식

출판계에서는 베스트셀러의 공식으로 3T를 꼽는다. 3T란 타이밍(Timing), 타겟팅(Targeting), 타이틀링(Titling)을 말한다. 즉, 적절한 타이밍에 적절한 예상 독자를 겨냥하고 적절한 제목으로 출간해야 베스트셀러가 탄생한다는 뜻이다.

3T의 예

반기문 UN 사무총장의 일대기를 다룬 《바보처럼 공부하고 천재처럼 꿈꿔라》(신웅진, 크레용하우스)는 '3T' 전략의 모범적인 사례라고 할 수 있다. 우선 이 책은 반기문이 UN 사무총장으로 선출되자마자 출간됐다(Timing). 또한, 자녀를 반기문 사무총장처럼 키우려는 청소년 부모를 예상 독자로 정했고(Targeting), 대구를 맞춘 매력적인 제목으로 반기문의 성공비결을 강조했다(Titling). 결국, 이 책은 베스트셀러에 오르고 《OO처럼 OO하고, OO처럼 OO 하라》는 식의 제목은 출판계의 트렌드가 되었다. 반면 비슷한 시기에 나온 《조용한 열정, 반기문》(이하원, 기파랑)은 상대적으로 주목받지 못했다. 타이밍은 좋았지만, 타이틀링과 타겟팅이 맞지 않았던 것이다. 특히 제목이 너무 무난했던 점이 아쉽다.

베스트셀러의 첫 번째 조건은 타이밍이다. 김어준의 《닥치고 정치》는 국민의 정치적 관심이 높아지며 베스트셀러가 된 사례다. 물론 이 책이 단순히 때를 잘 맞춰서 베스트셀러가 되었다고 말하기는 어렵다. 김어준은 그전부터 '딴지일보'와 '나꼼수'를 통해 인지도를 높여왔고 특유한 익살스러운 언어 구사는 많은 독자의 공감을 얻어왔다. 그러나 이 책이 당시 2012년 대선을 앞둔 타이밍에 출간되었기에 더욱 화제가 되었음은 부인할 수 없다. 2017년 조기 대선이 다가오자 다시 이 책의 판매가 늘어나고 있는 것만 보아도 타이밍의 중요성을 알 수 있다.

《인간은 필요 없다》(제리 카플란, 한스미디어)도 타이밍을 잘 맞춰서 대박이 난 사례다. 2016년 초, 인공지능 알파고가 이세돌 9단을 4대 1로 꺾으면서 전 세계는 패닉에 휩싸였다. 그동안 공상과학영화에만 등장했던 인공지능이 본격적으로 현실 속에 등장한 것이다. 인공지능의 힘에 두려움을 느낀 사람들이 찾아본 책이 마침 서점에 나와 있던 이 책이었다. 뒤를 이어 부랴부랴 다른 출판사들이 인공지능을 주제로 한 책들을 기획했지만 역시 가장 주목을 받은 책은 《인간은 필요 없다》였다.

타이밍을 잘 맞추면 잊혔던 책이 다시 베스트셀러에 오르기도 한다. 2016년 말 최순실의 국정농단 사태가 불거지면서 많은 사람이 박근혜 전 대통령의 의사소통 능력을 비판했다. 특히 대통령이 연설문조차 다른 사람의 첨삭을 받았다는 사실에 적잖이 실망하고 분노했다. 그런 타이밍에 재조명받게 된 책이 강원국의 《대통령의 글쓰기》다. 이 책은 청와대 연설

비서관 출신인 저자가 8년간 지켜본 김대중, 노무현 대통령의 글쓰기 원칙을 정리한 것이다. 시대적 상황과 맞물려서 단숨에 베스트셀러 순위에 오르더니 《대통령의 말하기》라는 책도 덩달아 많이 팔렸다.

✎ Targeting

예상 독자를 정하는 것은 생각보다 어렵다. 쉬울 것 같아도 막상 해보면 '20~30대 직장인 여성'과 같은 뻔한 예상 독자밖에 안 나온다. '감수성이 예민한 20대 여성', '자기계발에 관심이 있는 30대 직장인'도 비슷하다. 이런 예상 독자는 '내 책의 내용에 관심이 있는 독자'와 마찬가지로 동어 반복에 불과하다. 예상 독자를 정하는 것이 어려운 이유는 기획이 다 끝난 다음에 억지로 예상 독자를 끼워 맞추려고 하기 때문이다. 예상 독자 분석은 기획의 첫 단계에서 해야 한다. 제목도 콘셉트도 모두 예상 독자에게서 나온다.

예상 독자의 상황과 정서에는 예상 독자의 욕망과 요구가 숨겨져 있다. 예를 들어 '은퇴 후 창업'을 주제로 책을 쓴다면 '은퇴를 앞둔 50대, 60대 직장인'은 아무 의미가 없는, 그저 책의 주제를 되풀이한 것에 불과하다. 그 앞에 구체적인 '상황'과 '정서'를 붙여보자. '은퇴를 앞두고 아직 돈 들어갈 곳은 많은데 저축해 놓은 돈이 없어서 두려운 50~60대 직장인'이라고 범위를 좁힐 수 있다.

그러면 이러한 예상 독자에게 필요한 책은 어떤 책일까? '상황'(아직 돈 들어갈 곳은 많은, 저축한 돈이 없는)과 '정서'(두려움)를 위주로 생각해보자. 소자본으로 창업하는 노하우를 알려주는 책, 창업의 두려움을 이길 수 있도록 용기를 주는 책, 실패 없이 창업할 수 있는 비밀을 알려주는 책 등일 것이다. 그렇다면《제2의 인생을 위한 - 절대로 실패하지 않는 무자본 창업의 기술》또는《다시 도전하는 50대를 위한 꺾이지 않는 창업 마인드》와 같은 책이 나올 수 있다.

다음으로 직업을 좀 더 세분해보자. '직장인'을 '중간관리직'이나 '영업인'으로 세분화시키면 어떨까?《관리의 경험을 돈으로 바꾸는 창업의 기술》이나《내 사업을 시작하는 영업자의 창업 노트》와 같은 책이 나올 수 있다. 그냥 막연하게 생각하는 것과는 확실히 다르다. 이런 타깃 세분화 작업은 기존 요소를 쪼개는 방식으로도 이루어지고(직장인 > 중간관리직) 새로운 인구통계학적 요소를 추가하는 방식으로도 이루어진다(결혼 여부, 연소득, 자택 소유 여부 등). 이러한 작업을 머릿속에 딱 1명(페르소나)이 선명하게 떠오를 때까지 반복하면 타겟팅이 끝난다.

Titling

책에서 가장 중요한 문장은 제목이다. 2002년 21세기북스에서 출간한《유 엑설런트》는 2만 부가 판매되는 데 그쳤다. 하지만 6개월 후 출간된《칭찬은 고래도 춤추게 한다》는 무려 100만 부가 넘게 판매되었다. 재미있는 것은 두 책은 제목만 다를 뿐 완전히 같은 책이었다는 점이다.

　제목의 중요성은 1920년대 미국의 통신판매업자 홀드만 줄리어스의 사례를 보면 더욱 잘 드러난다. 그는 잘 팔리지 않는 책들의 판권을 헐값에 사들인 뒤 제목을 매력적으로 바꿔 재출간해서 많은 수익을 남겼다. 책은 대부분 소책자였고 가격은 단돈 5센트에 불과했다. 그가 1920~30년대에 그런 식으로 판매한 책은 2,000권이 넘었다고 한다.

　소설가 김훈이 《칼의 노래》의 원제로 들고 온 제목은 《광화문 그 사내》였다. 혜민 스님의 대표작 《멈추면 비로소 보이는 것들》은 자칫 《힘들면 잠시 쉬었다 가요》라는 제목으로 출간될 뻔했다. 150만부가 팔린 강헌구 교수의 《아들이 머뭇거리기에는 인생이 너무 짧다》의 원제는 《비전 세포》였고 전옥표 작가의 밀리언셀러 《이기는 습관》의 원제는 《돈박꼭질》이었다. 만약 위 책들이 원래 제목대로 출간되었다면 베스트셀러가 될 수 있었을까? 제목은 책의 운명을 결정할 정도로 중요하다.

　제목을 지을 때는 지나치게 노골적이거나 우스꽝스러운 제목은 피하는 것이 좋다. 한마디로 지하철이나 카페에서 부담 없이 읽을 수 있는 제목이어야 한다. 예를 들어 남자의 심리를 분석한 문화심리학 책의 제목을 《남자는 왜 섹스에 열광하는가》와 같이 짓는다면 독자의 눈길을 끌 수는 있겠지만 팔리지는 않을 것이다. 튀는 것도 좋지만, 남들의 이목에 신경 쓰는 한국인의 정서도 충분히 고려해야 한다. 그런 면에서 김정운 교수의 《나는 아내와의 결혼을 후회한다》나 《남자의 물건》은 절묘한 줄타기에 성공한 센스있는 제목이라고 할 수 있다.

8. 출간기획서 쓰기

출간기획서는 출판사에 내미는 일종의 투자제안서이다. 어지간히 좋은 원고가 아니면 출판사는 선뜻 투자하지 않는다. 아니, 좋은 원고로도 부족하다. 확실하게 '팔릴' 원고여야 한다. 자비출간이나 독립출간을 염두에 두더라도 출간기획서는 꼭 써봐야 한다. 그래야 저자 중심에서 독자 중심으로 관점을 전환할 수 있고 보다 대중적인 책을 쓸 수 있다. 팔리지 않는 책은 쓰지 않은 책과 같다.

출판사가 주목하는 것

출간기획서에서 출판사가 주목하는 것은 크게 3가지다.

• 독특한 콘텐츠가 있는가?

출판사는 이것저것 짜깁기한 책보다 저자의 독특한 콘텐츠가 들어간 책을 좋아한다. 한비야처럼 인생 경험이 독특할 경우 그 자체가 세일즈 포인트가 될 수 있다. 문장력이 부족하면 집필작가를 고용해서라도 해결할 수 있지만, 콘텐츠가 없으면 누가 대신 써줄 수가 없다. 그럴 땐 책을 쓸 게 아니라 콘텐츠부터 만들어야 한다.

• 원고를 끝까지 쓸 수 있는가?

제목과 목차, 샘플 원고만 보고 가능성이 있다고 판단되면 계약을 하는 예도 있다. 하지만 종종 원고가 기약 없이 늦어지거나 심지어 저자가 계약금만 받고 잠적하는 경우도 있다. 출판사가 가장 싫어하는 상황이다. 따라서 부분 원고보다는 전체 원고를 보내는 것이 채택될 확률이 높다.

• 얼마나 팔릴 것인가?

결국, 출간 여부를 결정하는 가장 중요한 요소는 상업성이다. 책이 출간되면 당장 사줄 사람이 몇 명이나 되는가? 저자가 유명인인가? 세일즈 포인트가 될 만한 수상 경력이 있는가? 강연에서 소화할 수 있는 부수는 얼마나 되는가? 출판사에게 이 책이 반드시 팔릴 것이라는 확신을 심어 주어야 한다.

출간기획서는 언제 쓰는가?

출간기획서는 투고 직전에 쓰는 것이 아니다. 기획단계부터 써서 책의 방향을 잡아야 한다. 물론 이것이 최종본은 아니다. 모르는 항목은 비워 둘 수도 있고 집필을 하면서 수정해 나갈 수도 있다. 출간기획서는 대학이나 회사에 내는 자기소개서처럼 여러 번 고쳐 써야 한다. 고치면 고칠수록 계약 가능성이 커진다. "당신이 출판사라면 이 기획서를 보고 계약을 하시겠습니까?"하고 주변 사람들에게 의견을 묻는 것도 좋다.

1) **이름/연락처/이메일**: 기본 인적 사항은 제일 앞 장에 잊지 말고 써야 한다.

2) **제목**: 고객의 시선이 책에 머무는 시간은 평균 0.3초라고 한다. 그 찰나의 순간에 눈길을 끌만한 매력적인 제목을 지어야 한다.

3) **부제**: 부제는 소책자의 제목을 쓴다는 느낌으로 독자에게 줄 수 있는 이익을 직접적으로 제시해야 한다.

4) **메인카피**: 메인카피는 앞표지나 띠지에 들어가는 홍보문구를 말한다. 메인카피는 이성보다 감성을 자극해서 문제를 해결한 이후의 이미지를 떠올리게 해야 한다. 다른 책의 제목이나 부제, 신문 광고의 헤드카피를 적절하게 벤치마킹할 수도 있다.

5) **목차**: 목차는 책의 전체 내용을 한눈에 보여주는 설계도이다. 출판사는 샘플 하우스를 보고 집 계약을 하는 것처럼 목차를 보고 출간계약 여부를 결정한다. 제목과 더불어 심혈을 기울여야 하는 부분이다.

6) **프로필**: 프로필은 선거 벽보처럼 스펙을 나열하는 것이 아니다. 프로필에는 이야기가 있어야 한다. 현재-과거-미래 순으로 책과 관련하여 현재 무슨 일을 하고 있는지, 지금의 일을 하기까지 과거에 어떤 경험을 했는지, 앞으로의 비전은 무엇인지 등이 구체적으로 드러나야 한다.

7) **기획 의도**: 기획 의도란 작가의 기획 의도가 아니라 출판사의 기획 의도를 말한다. 즉 저자가 책을 쓴 이유가 아니라 지금 그 책을 써

야 하는 시대적, 사회적 배경을 제시해야 한다(예: 최근 인공지능이 화제
가 되면서 인간 고유의 창의력에 관한 관심이 높아지고 있다).

8) **예상 독자**: 예상 독자는 나이, 성별, 직업, 지역별로 세밀하게 설정
해야 한다. 예상 독자는 핵심독자와 확산독자로 나뉜다. 대입 수험
서라면 고3 수험생이 핵심독자가 되고 고1, 2학년 학생이나 교사,
학원 강사는 확산독자가 된다.

9) **경쟁도서**: 자신이 쓰는 책과 유사한 주제를 다룬 경쟁도서를 3~5권
정도 선정하여 장점, 단점, 콘셉트, 판매 실적 등을 분석한다. 서술
식으로 쓰는 것보다 깔끔하게 표로 정리하는 것이 좋다.

10) **경쟁도서와의 차별점**: 아무리 좋은 책이라고 하더라도 독자의 요구
를 모두 만족시키는 책은 없다. 경쟁도서의 단점을 보완하는 것이
자신의 책의 콘셉트, 즉 차별점이 된다.

11) **기본 사양**: 판형, 쪽수, 정가, 제책 방식, 인쇄 색도 등을 말한다(예:
신국판, 200쪽, 12,000원, 무선, 2도). 각 항목에 대한 자세한 설명은 '5교
시 쉬는 시간'의 '출판 용어 총정리'를 참고하자.

12) **원고 마감 예정일**: 출간일정은 원고 마감 예정일, 편집 완료 예정일,
제작 완료 예정일로 구분된다. 출판시장이 급변하기 때문에 원고
마감 예정일은 될 수 있는 대로 6개월 이내로 잡는 것이 좋다. 편집
완료 예정일과 제작 완료 예정일은 출판사에게 달려 있으므로 희망
일정을 쓰면 된다.

13) **집필 일정**: 기획 완료, 제목 및 목차 완성, 초고 완성, 퇴고 등, 일정의
마감 기한을 구체적으로 쓴다. 순서를 정하기 어려우면 장 제목의 순

서에 따라 일정을 세울 수도 있다. 특히 초고는 장 별로 중간 마감을 설정해야 마감 효과를 극대화해서 집필 일정을 지킬 수 있다.

14) **마케팅**: 좋은 책이 꼭 잘 팔리는 것은 아니다. 책을 집필하기 전부터 마케팅을 염두에 두고 어떤 플랫폼에 연재할 것인지, 출간 후 어떻게 홍보할 수 있을지 계획을 세워두어야 한다. 초판 이상을 확실하게 판매할 수 있는 마케팅 계획을 세워둔다면 채택될 확률이 높아진다.

15) **샘플 원고**: 제일 마지막에 샘플 원고를 첨부한다. 출판사는 샘플 원고를 보고 작가의 필력과 상품성을 가늠한다. 샘플 원고는 1장부터 순서대로 보내지 말고 저자의 역량을 가장 잘 보여줄 수 있는 꼭지 5~6개를 선정해서 보낸다. 전체 원고가 있으면 전체 원고를 보내는 것이 더 좋다.

[1교시 쉬는 시간] 펭귄과 독수리

책쓰기는 1인 창업과 자아실현의 기반이 된다. 책을 쓰면 자신이 무엇에 흥미가 있고 잘하는지를 알게 된다. 책을 쓰면 사람들에게 전문가로 인정을 받고 인세와 강의와 컨설팅으로 월급보다 훨씬 많은 수입을 얻을 수 있다. 결국, 재능은 점점 더 계발되고 그 분야 최고의 전문가가 될 수 있다.

펭귄과 독수리

타조 나라에 한 펭귄이 있었다. 그 펭귄은 어렸을 때 타조 나라에 입양되어서 자신이 타조인 줄 알고 자랐다. 펭귄은 평생 타조들과 달리기 경쟁에 시달리며 물갈퀴가 닳아 없어졌다. 뒤뚱뒤뚱 우스꽝스럽게 뛰는 펭귄을 타조들이 놀려댈 때마다 펭귄은 창피해서 죽을 것 같았다. 펭귄은 속이 상할 때마다 강가에 나가 물속에서 노니는 물고기를 물끄러미 바라보았다. 그리고 생각했다. '너희들은 자유로워서 참 좋겠다'라고. 결국, 펭귄은 평생을 고통을 시달린 끝에 "나는 형편없는 타조였어"라는 말을 남기고 늙어 죽었다.

한편, 타조 나라에는 펭귄과 함께 입양된 독수리도 있었다. 독수리는 거추장스러운 날개를 휘청거리며 죽기 살기로 달렸지만, 도저히 타조를 따라잡을 수 없었다. 독수리는 펭귄과 함께 꼴찌에서 1, 2등을 도맡아 했다. 결국, 자존감이 바닥까지 떨어진 독수리는 죽을 결심으로 절벽에서 뛰어내렸다. 막 땅에 떨어지기 직전 두려워진 독수리는 자기도 모르게 날갯짓을 했다. 그러자 독수리의 몸은 하늘로 훌쩍 날아올랐다. 독수리는 깨달았다. 자신의 날개는 달리기를 위해 있는 것이 아니었음을.

책쓰기와 자아실현

책쓰기는 최고의 자아실현 수단이다. 자아실현이란 무엇일까? 말 그대로 '자아'를 '실현'하는 것이다. '자아'란 자기 자신을 말하고 '실현'은 현실로 만드는 것을 말한다. 정리하자면 자아실현은 '자신이 타고난 모습을 그대로 현실로 만드는 것'이라고 할 수 있다.

예를 들면 은행나무 씨앗의 자아실현은 싹을 틔우고 자라서 온전히 은행나무로 성장하는 것이다. 너무 당연한 것 아니냐고? 과연 그럴까? 은행나무 씨앗이 돌밭에 떨어지면 말라죽는다. 운 좋게 흙밭에 떨어지더라도 누군가 뽑아버리면 자아실현을 하지 못하고 죽는다. 운 좋게 살아남더라도 주변 나무 그늘에 가려지면 충분히 성장하지 못하고 이리저리 비틀린다. 한 그루의 은행나무에서 몇 개의 열매가 열리고 그중 몇 개가 나무로 성장하는지 생각해보라.

사람도 마찬가지다. 운동에 재능을 가지고 태어난 아이가 자아를 실현하는 것은 너무도 힘들다. 우리나라 사회는 공부로 사람을 평가하기 때문이다. 설령 자신의 전공을 찾아가더라도 험난하기는 마찬가지다. 1등만

선호하는 사회 분위기상 올림픽에 나가서 메달이라도 따지 않으면 인정해 주지 않는다. 재능을 100을 타고난 사람은 100을 발휘하여 행복해지고, 50을 타고 난 사람은 50을 발휘하여 행복해지는 것이 자아실현이다. 그러나 자아실현을 할 시간도, 그 방법을 알려주는 사람도 없다.

직장생활을 하면서 자기 자신이 펭귄인지 독수리인지 성찰할 시간이 있을까? 자신의 가능성을 극대화할 경제적 여유가 있을까? 어렵다. 정신적으로 성장하기 위해서는 집중적인 자기계발의 시간이 필요하다. 종일 수많은 책을 읽고 성공한 사람의 강의를 듣고 자신의 책을 쓸 시간이 필요하다. 그러나 직장생활을 하면서는 한계가 있다. 나는 그래서 안정적인 8년간의 교직 생활을 박차고 나와서 책쓰기 교육 전문가로 1인 창업을 했다.

펭귄인가? 독수리인가?

진정한 의미에서의 자기계발을 하려면 창업을 해야 한다. 직장생활을 하면 자기계발을 할 시간과 돈이 없다. 종일 직장에서 시달리다가 퇴근해서 집에 오면 쓰러져 자기 바쁘다. 월급을 쪼개서 생활하다 보면 자신을 성장시키는 데 투자할 돈이 없다. 눈 깜짝할 사이에 시간은 지나가고 어느 날 거울을 보면 늙은 펭귄의 지친 얼굴이 보인다. 그리고 언젠가는 나도 자유로운 인생을 살리라 꿈꾼다. 하지만 그 꿈은 다음날 정신없이 출근하면서 또다시 잊힌다. 펭귄의 인생을 살 것인가? 독수리의 인생을 살 것인가? 선택은 자신에게 달려있다.

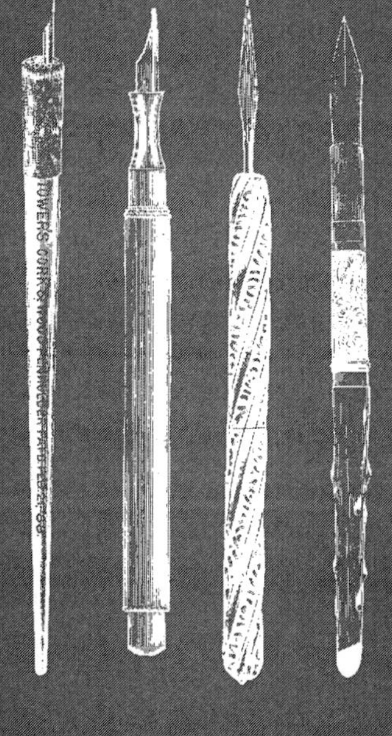

Chapter 2
제목과 목차 정하기

"제목은 '섬광'이다. 순식간에 독자의 시선을 사로잡고 강렬한 인상을 주는 '빛'이어야 한다."

- 나카야마 마코토, 《제목 만들기 12가지 법칙》

1. 제목의 구조

제목은 결코 직관적으로 짓는 것이 아니다. 철저한 노림수를 가지고 지어야 한다. 그러기 위해서는 우선 제목의 구조를 파악해야 한다. 제목은 수식어 구와 키워드 구, 그리고 부제의 3단 구조로 되어 있다. 수식어 구와 키워드 구를 합쳐서 흔히 '표제'라고 하고 표제를 좀 더 구체적으로 풀어준 것을 '부제'라고 한다.

수식어 구

예를 들어 《월 1천만 원을 버는 소책자 마케팅》이라는 제목에서 '월 1천만 원을 버는'은 수식어 구에 해당하고 '소책자 마케팅'은 키워드 구에 해당한다. 《40대 독신남을 위한 살림의 기술》이라는 제목에서 '40대 독신남을 위한'은 수식어 구에 해당하고 '살림의 기술'은 키워드 구에 해당한다. 수식어 구는 주로 독자가 얻게 되는 이익이나(반드시 성공하는~) 타깃 독자를 드러내는(40대를 위한~) 역할을 한다. 그 밖에 작가의 이름을 드러내거나(유시민의~), 구체적인 목표액(10억 버는~)이나 목표달성에 필요한 기간(4주 만에 OO 하는~)을 드러내는 예도 있다. 즉, 수식어 구는 키워드 구를 꾸미고 한정시키는 역할을 한다.

🖊 키워드 구

키워드 구는 독자들이 해당 책에 접근하기 위해 검색창에 넣는 단어들을 말한다. 키워드 구에는 '필수 키워드'와 '차별화 키워드'가 있다. 예를 들어 다이어트에 관한 책이라면 표제에 '다이어트'라는 키워드가 들어가야 검색이 된다. 이를 '필수 키워드'라고 한다. 필수 키워드를 고려하지 않고 제목을 《살 10kg 빼는 법》이라고 짓는다면 독자들이 검색을 통해 해당 책에 접근하기 힘들 것이다. 이럴 때는 수식어 구나 부제에라도 반드시 '다이어트'라는 키워드를 넣어주어야 한다.

이때 필수 키워드는 앞쪽에 배치하는 것이 좋다. 포털이나 온라인 서점의 검색엔진은 앞에 나온 키워드를 우선시하기 때문이다. 예를 들어 《CEO가 직접 말하는 - 비즈니스 글쓰기의 노하우》라는 제목이 있다면 온라인 서점에 등록할 때는 《비즈니스 글쓰기의 노하우 - CEO가 직접 말하는》과 같이 수식어 구를 뒤로 돌릴 수도 있다. 온라인 서점은 기본적으로 '판매량'이 아닌 '정확도' 순으로 검색결과를 보여준다.

🖊 차별화 키워드

한편 모든 다이어트 책이 똑같을 수는 없다. 다이어트 책은 각자 '고지방 다이어트', '효소 다이어트', '황제 다이어트' 등 차별화된 자신만의 해결책을 제시한다. 이때 '고지방', '효소', '황제'에 해당하는 것이 '차별화 키워드'이다. 차별화 키워드는 같은 필수 키워드를 다룬 수많은 책 중에서 자신의 책을 구분해 주는 역할을 한다. 예를 들어 《글쓰기 기본기》라는 제목에서 '글쓰기'는 필수 키워드에, '기본기'는 차별화 키워드에 해당한다. 제목만 보아도 글쓰기를 다룬 책 중에서도 기본기에 집중한 책임을 알 수 있다.

물론 제목이 기계적으로 필수 키워드와 차별화 키워드만으로 이루어지는 것은 아니다. 우선 '필수 키워드'와 '차별화 키워드'를 정하면, 다양한 형태로 이 둘을 조합하고 변형할 수 있다. '효소 다이어트'를 예로 들어 보자. 평서문으로 하면 《효소만 잘 먹어도 한 달에 5킬로 빠진다》, 명령문으로 하면 《지금 당장 효소 다이어트 하라》, 명사구로 하면 《내 인생의 마지막 효소 다이어트》와 같이 다양한 제목이 나올 수 있다. 보다 자세한 설명은 다음 꼭지의 '표현의 원리'를 참고하자.

부제

표제는 짧아서 모든 정보를 담을 수 없다. 표제에는 대표적인 키워드만 담고 자세한 설명은 부제로 돌려야 한다. 《미움받을 용기》의 부제는 '자유롭고 행복한 삶을 살기 위한 아들러의 가르침'이다. 《하버드 행동심리학 강의》의 부제는 '잘못된 결정에 빠지지 않기 위한 8가지 법칙'이다. 부제는 소책자 제목이나 블로그 또는 SNS의 포스팅 제목과 비슷한 느낌으로 짓는 것이 좋다.

지금까지 설명한 제목의 구조는 주로 실용서를 예로 든 것이다. 모든 책으로 일반화하기에는 다소 무리가 있다. 문학이라면 필수 키워드보다 비유적이고 상징적인 제목이 더 적합할 수도 있다. 그러나 실용서를 출간하는 저자라면 위의 3단 구조와 검색 키워드를 염두에 두고 제목을 지어야 독자들에게 더 많이 노출될 수 있다.

2. 매력적인 제목 짓기

표지가 책의 얼굴이라면 제목은 책의 눈동자에 해당한다.[1] 인쇄 들어가기 전날까지도 편집자가 고민하는 것이 제목이다. 나 역시 예외가 아니다. 어떻게 하면 코칭 의뢰를 받은 책의 제목을 매력적으로 지을 수 있을까 밤낮으로 고민한다. 그 과정에서 수백 권의 제목을 분석했고 베스트셀러 제목의 9가지의 공통점을 찾아냈다.

1) 검색의 원리

검색되지 않는 책은 존재하지 않는 것이나 다름없다. 하루에도 수백 종씩 쏟아져 나오는 신간들은 매대에 잠깐 머물다가 빠른 속도로 서가로 밀려난다. 서가는 책들의 공동묘지다. 독자가 지나가다가 우연히 서가에 꽂힌 책을 집어 들 확률은 '0'에 가깝다.

서가에서 책을 찾을 때도 컴퓨터에서 검색한 후에 찾는다. 직접 매대에서 책을 찾을 때도 머릿속에 특정 키워드를 정하고 제목이 그것에 일치

1　앙드레 버나드, 최재봉 역, 《제목은 뭐로 하지?》, 모멘토

하는 책만 찾는다. 예를 들어 '영어 공부법'에 관한 책을 찾으러 서점에 왔다면 제목에 '영어'와 '공부법'이 들어간 책만 필터링하는 식이다. 따라서 제목은 컴퓨터나 독자가 순간적으로 알아볼 수 있도록 검색 키워드를 포함해야 한다. 이것이 바로 검색의 원리다.

검색 키워드를 조사할 때는 '네이버 검색 광고 시스템'과 '구글 키워드 플래너'를 활용할 수 있다. 키워드 조사 결과 해당 키워드의 월간 검색량이 많지 않다면 다른 키워드로 대체해야 한다. 비슷한 뜻인데 다른 표기가 있으면(예: 1인 기업, 1인 창업) 검색량이 많은 키워드를 선택하는 것이 좋다.

2) 이익의 원리

제목은 독자에게 줄 수 있는 이익을 약속해야 한다. 이익(benefit)이란 독자의 욕망을 충족시키는 것을 말한다. 욕망이란 쾌락을 추구하거나 고통을 피하고자 하는 마음이다. 즉, 제목은 독자에게 '이 책을 사면 이러저러한 즐거움을 얻을 수 있겠구나!' 또는 '이 책을 사면 이러저러한 고통을 피할 수 있겠구나!'하는 확신이 들게 해야 한다. 이것이 '이익의 원리'다.

이때 표면적으로 드러나는 이익이 아니라 독자들이 궁극적으로 바라는 이익이 무엇인지를 파악하는 것이 중요하다. 예를 들어 독자들이 자기소개서에 관한 책을 사는 이유는 단순히 지적 호기심을 채우기 위해서가 아니다. 책에서 얻은 정보를 바탕으로 원하는 대학이나 기업에 합격하기를 기대하는 것이다. 따라서 제목을 지을 때 단순히 《자기소개서 잘 쓰는 법》이라고 짓기보다 《수시로 웃는 합격 자기소개서》나 《면접으로 바로 가는 자기소개서》와 같이 지어야 한다.

앞서도 말했듯이 독자의 욕망을 자극하는 방법에는 '쾌락추구'와 '고통 회피'가 있다. 쾌락추구에 해당하는 제목으로 《적을 만들지 않는 대화법》, 《연봉이 오르는 글쓰기》, 《부자가 되는 정리의 힘》 등이 있다. 독자에게 이 책을 읽으면 얻게 되는 이익을 확실하게 알려주는 것이다. 한편 고통 회피에 해당하는 제목으로 《노후파산》, 《99% 중학생이 헛공부하고 있다》, 《의사에게 살해당하지 않는 47가지 방법》 등이 있다. 일단 독자를 물에 빠뜨려서 겁에 질리게 한 후 구원의 손길을 슬쩍 내미는 것이다.

3) 오감의 원리

좋은 제목은 듣는 순간 머릿속에 선명한 이미지가 떠올라야 한다. 이 것을 오감의 원리라고 한다. 여기서 말하는 이미지란 주로 시각을 말한다. 시각에 청각, 후각, 미각, 촉각을 더하면 독자의 머릿속에 더 오래 기억될 수 있다.

예를 들어 내가 코칭했던 책 중 《사하라로 간 세일즈맨》이라는 제목은 듣는 순간 사하라 사막과 그 앞에 서 있는 세일즈맨의 모습이 떠오른다. 동시에 '세일즈맨이 사막에 왜 갔을까?'하는 호기심도 생긴다. 이 책은 원래 다른 제목으로 출간될 뻔했지만 다른 책의 제목과 지나치게 유사했고 책의 내용과도 일치하지 않았다. 최종적으로 저자와의 협의를 거쳐 위의 제목으로 출간되었고 한 달 만에 초판이 매진되었다.

오감을 자극하기 위해서는 제목에 형태나 색, 소리나 냄새 등의 속성을 가진 구체적인 사물을 넣는 것이 좋다. 김위찬의 《블루오션 전략》이나 세스 고딘의 《보랏빛 소가 온다》는 색을 통한 시각적 이미지를 잘 활용했다. 듣는 순간 눈앞에 푸른 바다와 보랏빛 소가 그려진다. 같은 의미라고 하더라도 《경쟁 없는 시장에서 승자가 되는 법》이나 《자신만의 가치를 발견하라》 식으로 제목을 지었다면 시각적인 이미지를 떠올리기 힘들었을 것이다.

4) 흥미의 원리

제목은 독자의 호기심을 자극해야 한다. 이것이 흥미의 원리이다. 독자의 눈이 제목에 머무는 시간은 평균 0.3초에 불과하다. 그 찰나의 순간에 독자의 흥미를 끌지 못하면 그 책은 존재하지 않는 것과 같다. 검색 키워드가 예선이었다면 흥미는 본선이라고 할 수 있다. 그렇다면 독자는 어떨 때 흥미를 느낄까?

첫째, 낯선 것에 흥미를 느낀다. 잘 생긴 남자와 예쁜 여자가 함께 길을 걸어가면 10명 중 5명이 뒤를 돌아본다. 그러나 못생긴 남자와 예쁜 여자가 함께 길을 걸어가면 10명 중 9명이 뒤를 돌아본다. 이질적인 조합이 낯설어서 호기심을 자극하기 때문이다. 책 제목도 마찬가지다. 《행복한 이기주의자》(웨인 다이어, 21세기북스)와 같이 평범한 단어의 낯선 조합은 호기심을 불러일으킨다.

　둘째, 궁금할 때 흥미를 느낀다. 제목이 중요한 정보를 감출 때 독자들은 궁금해진다. 《CEO의 다이어리엔 뭔가 비밀이 있다》(니시무라 아키라, 디자인하우스)라는 제목을 보자. 도대체 무슨 비밀이길래 제목에서도 말해주지 않는지 궁금하다. 이 궁금증을 해결하는 방법은 단 하나, 책장을 넘기는 것뿐이다.

　셋째, 트렌드와 관련이 있을 때 흥미를 느낀다. 독자들은 유행에 민감하다. 《나 홀로 여행 컨설팅북》, 《혼밥육아》, 《혼자가 더 편한 사람들의 사랑법》, 《혼자서 재밌게 노는 101가지 방법》 등의 제목은 '나홀로족'이라는 트렌드를 제목에 반영하고 있다.

5) 운율의 원리

　운율이 있는 제목은 입에 잘 감기고 기억하기 쉽다. 운율의 원리란 제목에 리듬감을 넣어서 발음하기 좋고 기억하기 쉽게 하는 것을 말한다. 운율을 만드는 요소로 반복하기, 운 맞추기, 짝 맞추기, 글자 수 맞추기가 있다.

　반복하기는 같은 소리가 2번 이상 등장하는 것을 말한다. 반복은 운율을 만드는 가장 기본적인 방법이다. 《된다 된다 나는 된다》, 《작가가 작가에게》, 《괜찮다 다 괜찮다》와 같은 제목이 이에 해당한다.

운 맞추기는 비슷한 위치에 비슷한 소리가 반복되는 것을 말한다. 이때 앞글자의 소리가 같은 것을 '두운'이라고 하고 뒷글자의 소리가 같은 것을 '각운'이라고 한다. 짝 맞추기는 흔히 '대구법'이라고 하는데 비슷한 문장 구조가 짝을 이루는 것을 말한다. 흔히 앞부분과 뒷부분의 글자 수가 비슷한 경우가 많다.

운 맞추기와 짝 맞추기, 글자 수 맞추기는 따로 쓰이기보다 함께 쓰이는 경우가 많다. 《리딩으로 리드하라》는 두운을 맞추면서 대구를 이루는 경우이고 《부자 아빠 가난한 아빠》는 각운을 맞추면서 대구를 이루는 경우다. 두 제목 모두 앞부분과 뒷부분의 글자 수가 거의 비슷해서 운율이 살아난다.

6) 공감의 원리

제목은 불특정 다수가 아닌 특정한 독자에게 말을 걸어야 한다. 그래야 독자가 '이건 바로 나를 위한 책이야!'하고 느끼게 된다. 이를 공감의 원리라고 한다. 공감의 핵심은 독자의 심리적 참여를 끌어내서 '아! 과연 그렇군'하고 고개를 끄덕이게 하는 것이다. 여기에는 크게 3가지 방법이 있다.

첫째, 독자에게 말을 건넨다. 제목에 1인칭이나 2인칭을 사용하면 독자는 책이 자신에게 말을 거는 듯한 느낌을 받는다. 《나는 까칠하게 살기로 했다》, 《당신은 전략가입니까?》 등이 이에 해당한다.

둘째, 타깃을 좁힌다. 타깃이 좁으면 좁을수록 독자는 자신의 이야기라고 느낀다. 《아플 수도 없는 나이 마흔》, 《30대를 위한 언니의 독설》, 《스무 살에 처음 읽는 심리학》 등이 이에 해당한다.

셋째, 허들을 낮춘다. 독자는 자신도 충분히 할 수 있다고 생각하는 일에 공감한다. 《원숭이도 이해하는 자본론》, 《컴퓨터 일주일만 하면 전유성만큼 한다》, 《나물이의 2,000원으로 밥상 차리기》 등이 이에 해당한다.

7) 숫자의 원리

《성공하는 사람들의 7가지 습관》, 《마음을 열어주는 101가지 이야기》 등 베스트셀러의 제목에는 숫자가 들어간 것이 많다. 숫자는 제목에 구체성을 더해주고 내용이 일목요연하게 정리된 느낌을 준다. 숫자를 넣을 때는 다음과 같은 방법이 있다.

· 체감 단위

숫자를 설정할 때는 체감 단위를 작게 설정하는 것이 좋다. 큰 금액도 작은 단위로 쪼개면 부담이 사라지므로 보험 세일즈맨이 사용하는 기법이기도 하다. 《하루 5분 부자수업》, 《하루 10분 엄마 습관》과 같은 제목이 이에 해당한다.

· 틀 깨기

숫자를 설정할 때는 50이나 100으로 똑 떨어지는 단위보다 틀을 살짝

깨는 것이 독자의 흥미를 끌 수 있다. 예를 들어 《기획의 100%는 콘셉트다》보다 《기획의 99%는 콘셉트다》가 왠지 더 멋이 있다. 마찬가지로 《영혼을 위한 100가지 이야기》보다 《영혼을 위한 101가지 이야기》가 더 끌린다.

- 목표달성

실용서는 목표의 달성에 걸리는 '기간'이나 목표달성의 '액수'를 제목에 숫자로 나타내는 경우가 많다. 《2주 만에 끝내는 해커스 토익 스피킹》, 《30일 완성 목소리 트레이닝》 등은 '기간'을, 《주식 초보가 석 달 안에 천만 원을 버는 법》, 《10억 버는 세일즈 마케팅》 등은 '액수'를 표시한 것이다.

- 해결방법

문제에 대한 해결방법의 숫자를 제목에 나타낸 경우도 많다. 《의사에게 살해당하지 않는 47가지 방법》, 《합법적으로 세금 안 내는 110가지 방법》, 《논쟁에서 이기는 38가지 방법》 등이 이에 해당한다.

- 타깃 연령

타깃 연령을 숫자로 표시하면 타깃 독자의 관심을 끌 수 있다. 타깃 연령층이 분명한 자기계발서류의 제목에 많이 쓰인다. 《스물일곱 이건희처럼》, 《심리학이 서른 살에게 답하다》, 《20대에 꼭 해야 할 46가지》 등이 이에 해당한다.

8) 모방의 원리

하늘 아래 새로운 것은 없다. 제목을 짓는 가장 쉬운 방법은 베스트셀러의 제목을 모방하는 것이다. 《미움받을 용기》가 베스트셀러가 되자 그 뒤를 이어 《인생에 지지 않을 용기》, 《사랑받지 않을 용기》, 《나를 믿을 용기》 등 수많은 용기 시리즈가 쏟아져 나왔다. 이러한 '미투(me too) 전략'은 이미 형성된 독자층을 비슷한 콘셉트로 다시 공략하기 때문에 실패할 확률이 낮다.

모방의 원리가 꼭 다른 책의 제목만 따라 하는 것은 아니다. 때로는 명언, 다른 책의 부제, 홍보문구, 꼭지 제목, 시 한 구절이 모두 제목이 될 수 있다. 《생각대로 살지 않으면 사는 대로 생각하게 된다》(은지성, 황소북스)는 프랑스 시인 폴 발레리의 명언을 빌린 것이고, 《바람이 분다 당신이 좋다》(이병률, 달) 역시 폴 발레리의 시 '해변의 묘지'에 나오는 '바람이 분다 살아야겠다'는 구절을 변형한 것이다.

좋은 제목은 어디에나 널려있다. 같은 분야의 책 제목을 모방하면 자칫 아류로 보이기 쉬우므로 다른 분야의 책 제목을 참고하는 것이 좋다. 한 가지 꿀팁을 주자면 아마존에서 외국책 제목을 참고하면 뜻밖의 수확을 거둘 수 있다. 특히 출판 산업이 발달한 일본 아마존에는 좋은 제목들이 많다. 나 역시 책 제목을 짓기 전에 미국이나 일본 아마존에서 해당 분야의 책들을 찾아본다. 언어장벽은 구글 번역기로 극복한다.

9) 표현의 원리

제목을 짓다 보면 명사형이나 명령형으로 끝나는 경우가 많다. 문장의 종류를 의문형, 서술형 등으로 바꾸거나 비유법, 대구법 등의 수사법을 활용하면 다양한 제목을 지을 수 있다. 하나의 제목만 고집하기보다 여러 버전으로 만들어 본 후 그중 가장 매력적인 제목을 선택하는 것이 좋다.

- **명사형**: 《사피엔스》, 《심플》, 《씽킹》, 《시크릿》, 《남한산성》, 《태백산맥》

- **명령형**: 《노후를 위해 집을 이용하라》, 《설레지 않으면 버려라》, 《지금 당장 롤렉스 시계를 사라》, 《무소의 뿔처럼 혼자서 가라》

- **서술형**: 《가끔은 격하게 외로워야 한다》, 《공부가 제일 쉬웠어요》, 《아 프니까 청춘이다》, 《칭찬은 고래도 춤추게 한다》

- **대구형**: 《바보처럼 공부하고 천재처럼 꿈꿔라》, 《법정이 묻고 성철이 답하다》, 《권력이 묻거든 모략으로 답하라》

- **비교형**: 《나는 남자보다 적금통장이 좋다》, 《나는 아이보다 나를 더 사랑한다》, 《스무 살 청춘 A+보다 꿈에 미쳐라》, 《무엇이 될까보다 어 떻게 살까를 꿈꿔라》

- **의문형**: 《정의란 무엇인가》, 《왜 우리는 집단에서 바보가 되었는가?》, 《무엇을 버릴 것인가》, 《어떻게 살 것인가》, 《왜 세계의 절반은 굶주리 는가》

- **반복형**: 《된다 된다 나는 된다》, 《살아야 한다 나는 살아야 한다》, 《서른이 서른에게》, 《괜찮다 다 괜찮다》, 《생각에 대한 생각》

- **생략형**: 《처음처럼》, 《꽃들에게 희망을》, 《너의 이름은》, 《지금 알고
  있는 걸 그때도 알았더라면》, 《예술가로 산다는 것》

3. 목차의 중요성

글쓰기와 책쓰기의 가장 큰 차이점은 '목차'의 유무이다. 여기서 말하는 글쓰기란 칼럼 하나 분량, 즉 A4 1장 반 정도 분량의 독립된 글 한 편을 쓰는 것을 말한다. 한 편의 글은 다른 글과 연관되지 않고 그 자체로 완결된다. 반면 책은 여러 층위의 '구조'를 가지고 각각의 글들이 유기적으로 연결된다. 이렇게 구조를 한눈에 볼 수 있도록 정리한 것을 '목차'라고 한다.

구슬과 목걸이

흔히 훌륭한 표현을 들으면 '주옥같다'라는 표현을 쓴다. '주옥'이란 가지런히 꿴 옥구슬을 뜻한다. 한 편의 글을 잘 쓰는 것은 구슬 하나를 잘 만드는 것에 해당한다. 그러나 구슬 하나만으로는 목걸이가 될 수 없다. 글이라는 구슬이 어떤 목적성을 가지고 한데 묶여서 책이라는 목걸이가 되려면 '디자인' 즉, 설계가 있어야 한다. 비유하자면 한 편의 글은 구슬에, 목차는 디자인에, 책은 목걸이에 해당한다. 한 편의 글을 아무리 잘 써도 전체를 구성하는 능력이 없으면 책을 쓰지 못한다. 오랫동안 칼럼을 써 왔던 글쟁이도 막상 책을 쓰려면 애를 먹는 이유가 이 때문이다.

옛말에 '구슬이 서 말이어도 꿰어야 보배'라는 말이 있다. 책을 쓸 때는 2가지 능력이 필요하다. 한 편의 글을 잘 쓰는 능력과 그것을 체계적으로 엮는 능력이다. 저자는 구슬 세공의 장인이자 세련된 감각의 목걸이 디자이너여야 한다. 제목 아래 장 제목이, 장 제목 아래 꼭지 제목이 마치 샹들리에처럼 유기적으로 연결되어야 한다. 그래서 제목만 들어 올리면 나머지가 사뿐하게 딸려 올라와야 좋은 목차라고 할 수 있다.

목차가 절반이다

목차는 책쓰기의 절반이다. 목차는 작가에게 뭘 써야 할지를 말해준다. 뭘 써야 할지만 알면 책쓰기는 작업량이 정해진 노동이자 스포츠가 된다. 목차에 40개의 꼭지가 있다면 40번의 백일장을 치른다는 생각으로 하루에 한 꼭지씩 완성해 가면 된다. 거대한 벽이었던 책쓰기가 꼭지라는 벽돌로 작게 분해되는 것이다. 각각의 꼭지는 가상의 독자가 던지는 질문에 대한 답변이다. 작가는 독자의 질문에 지식인처럼 하나씩 답해주면 된다. 그러다 보면 어느새 책 한 권이 완성된다.

피해야 할 목차

시중의 책 중에는 장 제목과 꼭지 제목의 위계가 없이 꼭지 제목만 수십 개가 나열된 목차도 있다. 평소 틈틈이 쓴 에세이를 모은 책이라면 모르겠지만, 전문적인 정보를 전달하는 책으로서는 구조화가 덜 되었다고 할 수 있다. 이런 책은 꼭지 제목도 '~하라'는 명령형 어미로만 끝나는 경우가 많다. 특별한 경우를 제외하고 꼭지 제목은 장 제목으로 묶어서 구조화시키고, 꼭지 제목도 문장의 형태를 다양하게 카피라이팅하는 것이 좋다.

목차는 설계도다

노벨 문학상 수상자 헤밍웨이는 "작가는 인테리어 디자이너라기보다 건축설계가이다"라는 말을 남겼다. 목차는 책의 설계도면이라고 할 수 있다. 기획출간의 경우 문장력이 약하더라도 제목과 목차가 좋으면 계약되는 경우도 많다. 제목과 목차에서 콘셉트가 분명하게 드러나기 때문이다. 편집자들도 제목과 목차에 많은 공을 들이므로 베스트셀러들의 목차를 분석하고 벤치마킹하는 것은 큰 도움이 된다.

4. 목차의 구조

다산 정약용은 '10강 50목 200결'이라고 해서 열 개의 큰 줄기를 세워(10강) 각각 다섯 가지 방법론을 배열하고(50목) 하나의 방법론 안에 네 개의 소제목을 두는(200결) 방식으로 목차를 정했다. 다산이 18년 유배 기간 동안 500여 권의 방대한 저서를 남길 수 있었던 것은 이처럼 목차를 정해서 체계적으로 책을 썼기 때문이다.

목차의 구조

목차는 일반적으로 제목 > 장 제목 > 꼭지 제목으로 된 3단계의 위계를 가진다. 한 권의 책은 4~5개의 장으로 구성되어 있고 각 장은 7~8개 정도의 꼭지로 구성된다. 한 권의 책은 40개 내외의 꼭지로 구성된다. 각 꼭지는 A4 2.5장 정도의 분량이다. 간혹 8~10개의 장, 60개 이상의 꼭지로 구성되는 예도 있는데 이럴 경우 각 꼭지의 분량이 A4 1~1장 반으로 줄어들거나 책이 두꺼워진다.

목차와 군대

　목차는 수직적으로 군대처럼 엄격한 위계질서를 가지고 있다. 책의 제목은 대대장, 장 제목은 중대장, 꼭지 제목은 소대장에 해당한다. 제목은 장 제목을 다스리고 장 제목은 꼭지 제목을 다스린다. 한편 목차는 수평적으로 같은 층위에서 동질성을 가지고 있다. 장 제목은 장 제목끼리 층위가 같아야 하고 꼭지 제목은 꼭지 제목끼리 층위가 같아야 한다. 장 제목이 들어갈 곳에 꼭지 제목이 들어가거나, 꼭지 제목이 들어갈 곳에 장 제목이 들어가면 안 된다. 병사는 병사끼리, 장교는 장교끼리 어울리는 것과 같다.

균형 잡힌 목차

　목차는 균형이 잡혀있어야 한다. 어느 장은 꼭지가 3개인데 다른 장은 10개라면 보기에도 안 좋고 내용도 한쪽에 치우치기 쉽다. 완벽하게 기계적으로 맞출 필요는 없지만, 어느 정도 균형이 잡히게 꼭지의 수를 안배하는 것이 좋다. 예를 들어 5장 구조라면 장별로 6~8꼭지씩 배치하는 식이다. 이때 책 전체의 서론에 해당하는 1장과 결론에 해당하는 5장은 다른 장보다 꼭지의 수를 약간 적게 배치하는 것이 좋다. 사람들은 서론이 길거나 결론이 늘어지는 것을 싫어하기 때문이다. 이 책도 2~4장은 10꼭지로, 1장과 5장은 8꼭지로 구성되어있다.

소제목의 역할

　요즘은 각 꼭지 내에 한 번 더 소제목을 넣는 경우가 많다. 소제목은 긴 문장보다 짧은 명사구로 넣는 것이 일반적이다. 소제목을 넣으면 독자들이 소제목만 읽고 빠르게 내용을 파악할 수 있다. 소제목 단위로 생각을 매듭지으며 읽을 수 있어서 숨 돌릴 틈도 생긴다. 소제목은 한 단위글의 핵심을 요약하고 단위글이 다른 길로 빠지지 않게 방향을 잡아주는 역할을 한다.

　이때 하나의 소제목으로 묶인 내용 단락을 '단위글'이라고 한다. 단위글은 내용상으로 통일성을 갖춘 최소한의 글이다. 단위글은 프레젠테이션에서 슬라이드 1장이라고 생각하면 이해하기 쉽다. 1장의 슬라이드에 1개의 메시지가 있듯, 하나의 단위글에는 하나의 메시지만 있어야 한다.

　단위글이 너무 길어지면 다시 2~3개의 문단으로 쪼개기도 한다. 이때는 별도의 소제목을 붙이지 않는다. 목차의 위계가 너무 복잡하면 독자도 어느 부분을 읽고 있는지 헷갈리기 때문이다. 문단과 문단은 '한 줄 띄어쓰기'로 구분하는 것이 가독성이 좋다. 단락의 구분이 없이 줄줄이 이어지는 통짜글을 읽어줄 독자는 없다.

5. 하향식과 상향식

    목차를 짜는 방법에는 하향식과 상향식이 있다. 하향식은 'Up-down' 방식이라고도 하는데 위에서 아래로 연역식으로 목차를 짜는 방식이다. 상향식은 'Bottom-up'이라고도 하는데 아래에서 위로 귀납식으로 목차를 짜는 방식이다. 둘 중 어느 한 가지만 사용하는 경우는 드물고 섞어서 목차를 짜는 것이 일반적이다.

하향식

    하향식은 상위목차에서 하위목차로 쪼개어가며 목차를 짜는 방식이다. 하향식은 아파트 단지를 짓는 과정과 비슷하다. 먼저 전체 단지(책)를 설계한 후, 각 단지 안에 각 동(장)을 설계하고, 각 동 안에 각 세대(꼭지)를 설계한다. 각 세대는 다시 몇 개의 방(소제목)으로 구성된다.

    하향식으로 목차를 짜려면 책 전체의 주제를 몇 개의 부분집합(장)으로 쪼개야 한다. 이때 MECE(Mutually Exclusive Collectively Exhaustive)라는 개념을 알아야 한다. MECE란 '중복 없이 누락 없이' 부분집합이 모여 완전한 전체집합을 이루는 것을 말한다. 통상적으로 '미시'라고 읽는다. 즉 목차의 각 항목은 서로 중복되지 말아야 하고 중요한 내용이 빠지지 말아야 한다.

예를 들어 '체중이 늘었다'는 문제에 대해서 '다이어트'라는 솔루션을 제시한다면 이는 다시 ① 식이요법 ② 운동요법 ③ 약물요법 ④ 수술요법 등으로 나눌 수 있다. 이것이 각 장이 된다. 만약 '약물요법' 속에 '빠르게 걷기'라는 꼭지가 들어간다면 '운동요법' 쪽으로 이동시켜야 한다. 위 4가지는 빠지는 항목 없이 전체가 모여서 '다이어트법'을 완성한다. 만약 다른 방법이 있다면 별도의 장을 추가해 주거나 비중이 작으면 생략할 수도 있다. 이런 식으로 장 제목을 MECE 하게 정리한다.

장 아래로 꼭지를 만들 때도 마찬가지다. 식이요법에 들어갈 꼭지를 만들 때 꼭지들끼리 중복이 없어야 하고(예: '탄수화물을 줄인다'와 '밥을 적게 먹는다'는 중복되므로 한 꼭지로 합친다) 누락이 없어야 한다(예: '설탕을 섭취하지 않는다'는 꼭지가 없다면 추가한다). 초보 저자의 경우 콘텐츠가 부실해서 1장에 넣은 내용을 2장이나 3장에서 반복하는 경우가 많이 있다. 콘텐츠가 부족하면 자료 조사를 통해서 보완해야지 절대로 같은 내용을 반복해서 쓰면 안 된다.

• 하향식 사고과정

'책쓰기'에 관한 책을 써야겠다 > 무슨 내용을 써야 하지? > 책쓰기의 각 과정에 대해서 말해야겠다 > 기획하기 > 제목 짓기 > 목차 짜기 등등 > 이제 각 장에 어떤 꼭지가 들어갈지 생각해보자(이하 생략)

📓 상향식

　상향식은 하위목차에서 상위목차로 카테고리를 묶어가며 목차를 짜는 방식이다. 상향식은 자연 발생적으로 도시가 형성되는 과정과 유사하다. 먼저 개인(소제목)이 모여 가족(꼭지)을 이루고, 가족이 모여 부족(장)을 이루고, 부족들이 모여 도시(책)를 이룬다.

　상향식으로 목차를 짜려면 일단 책의 주제에 대해 독자들이 가장 궁금해할 질문 100개를 쏟아내야 한다. 이때 혼자 막연하게 짐작하는 것보다 예상 독자에게 직접 물어보는 것이 좋다. 네이버 지식인, 다음팁, 야후 답변, 경쟁도서의 리뷰 등을 참고하면 반복적으로 나오는 질문들이 있다. 이 질문을 통해 독자들이 정말 궁금해하는 것이 무엇인지 정확히 파악해서 그에 대한 답을 주어야 한다.

　100개의 질문 리스트를 뽑았으면 이제 각 질문에 대해 '단 한 문장'으로 답변을 한다. 답변이 2~3문장으로 늘어져서는 안 된다. 단 한 문장으로 명료하게 답변할 수 없으면 해당 주제에 대해 제대로 모르는 것이다. 한 문장으로 답할 수 있을 때까지 더 공부해야 한다. 질문에 대한 답변은 꼭지의 심층 제목이자 주제문이 된다. 한 권의 책은 독자들의 질문에 대한 답변집이라고 할 수 있다. 다시 말해 책 한 권은 최소 '100개의 정보 캡슐'을 품고 있어야 책으로서의 가치가 있다.

　100개의 답변이 나왔으면 서로 중복되거나, 어느 하나가 다른 하나에 포함되는 것을 정리해서 40~50개로 정리한다. 이때 중요한 점은 아직 꼭지 제목을 꾸미려고 해서는 안 된다는 점이다. 꼭지를 매력적으로 다듬는 건 어느 정도 목차가 확정된 다음에 한다. 처음부터 표현에 치중하면 본질을 놓치게 된다. 또 제목이 마음에 안 든다고 꼭지를 삭제하면 꼭 들어가야 할 내용이 빠질 수도 있다.

40~50개로 추린 꼭지는 서로 비슷한 종류로 묶을 수 있다. 비슷한 꼭지를 7~8개씩 한 카테고리로 묶으면 하나의 장(章)이 된다. 이런 식으로 4~5개의 장을 묶으면 어떤 장은 꼭지가 넘치고 어떤 장은 꼭지가 모자란다. 넘치는 장은 꼭지를 삭제하거나 합쳐서 숫자를 줄여주고 모자라는 장은 꼭지를 보충해서 균형을 맞추어 준다.

• 상향식 사고과정

'책쓰기'에 관한 책을 써야겠다 > 독자들이 뭘 궁금해할까? > 예상 질문을 일단 마구 쏟아보자 > 목차가 왜 중요하죠? 목차는 어떤 구조로 되어 있나요? 등등 > 이런 질문들은 '목차 만들기' 카테고리로 묶어서 답변해 주자(이하 생략)

하향식 vs 상향식

그렇다면 하향식과 상향식 중 어떤 방법을 쓰는 것이 좋을까? 둘 다 써야 한다. 일단 상향식으로 선입견 없이 100개의 꼭지를 쏟아낸다. 그리고 하향식으로 장 제목을 정리한다. 쏟아낸 꼭지를 40~50개로 정리한 후 적절하게 분류해서 장 제목 밑에 배치한다. 꼭지에 맞춰서 장 제목을 수정하거나 추가하기도 하고, 반대로 장 제목에 맞춰서 꼭지들을 수정하기도 한다. 이런 식으로 내려오는 강물과 올라오는 바다가 만나듯이 하향식과 상향식이 만나는 지점에서 균형 잡힌 목차가 만들어진다.

6. 장 제목의 구성

장 제목을 구성하는 방법에는 크게 '직렬식 구성'과 '병렬식 구성'이 있다. 직렬식 구성은 일정한 순서와 흐름을 가지는 구성이고 병렬식 구성은 각 장이 동등한 자격으로 나열되는 구성이다. 일반적으로 각 장이 긴밀한 연관성이 있으면 직렬식 구성을, 긴밀한 연관성이 없으면 병렬식 구성을 사용한다.

직렬식 구성

직렬식 구성은 마치 건전지를 직렬로 연결하듯이 논리, 시간, 순서, 과정, 인과 등의 흐름에 따라 장 제목을 구성하는 방식이다. 직렬식 구성은 어느 한 구성요소를 빼거나 순서를 바꾸면 이상해진다. 예를 들어 '짜파게티를 만드는 방법'은 직렬식 구성이다. 짜파게티를 만드는 과정은 '① 포장을 뜯는다. ② 면을 삶는다. ③ 국물을 따라버린다. ④ 분말 수프를 넣는다. ⑤ 비벼서 먹는다'이다. 중간에 ③을 빼면 짜파게티라고 부를 수 없고 ④와 ⑤의 순서를 바꾸면 제대로 된 짜파게티를 먹을 수 없다.

직렬식 구성의 대표적인 프레임이 '4MAT'이다. 4MAT은 '4 Master of

Art Teaching'의 약자로 1980년대 미국의 교육학자 버니스 매카시(Bernice McCarthy)가 개발한 교육프레임이다. 4MAT은 크게 4가지 요소로 이루어진다.

- 문제(Why): 왜 이 문제를 해결해야 하는가?
- 해결(What): 이러한 해결책이 있다.
- 방법(How): 이 해결책은 이렇게 하는 것이다.
- 기대효과(If): 그러면 이러한 결과가 나타난다.

위 프레임을 4장 구조의 목차에 적용해 보자. 1장에서는 문제(Why)와 해결(What)을 언급한다. 2장과 3장에서는 방법(How 1, How 2)을 제공한다. 4장에서는 기대효과(If)를 제시한다. 마케팅적인 측면에서 보자면 Why는 동기유발이고 What은 상품제시이다. 상품의 기능 설명은 How이고, 증거를 통한 행동촉구는 If이다.

책의 핵심정보는 How에 몰려있으므로 How는 ①, ②, ③으로 보다 세분화할 수 있다. 이때 각 장이 서로 중복되거나 중요한 내용이 빠지지 않게 해야 한다. How는 '이론 > 실제', '기초 > 심화', '전체 > 부분' 등의 흐름을 가지고 구성할 수도 있고, 병렬적 구성을 적용해서 동등한 자격으로 나열할 수도 있다. 예를 들어 운동법에 관한 책이라면 How를 ① 팔 운동법, ② 다리 운동법, ③ 가슴 운동법, ④ 등 운동법 등 병렬적으로 세분할 수 있다.

이제 4MAT 템플릿을 목차에 적용해 보자. 예를 들어 '자기소개서를 쓰는 법'에 관한 책이라면 1장에서는 여러 가지 문제 상황을 들어서 왜 자기소개서가 중요한지를 말해주고 그 해결책을 제시한다. 2장에서는 자기소개서를 쓰는 방법에 관한 전반적인 이론을 설명하고 3장에서는 문항별로 실제적인 자기소개서 작성법을 설명한다. 마지막으로 4장에서는 합격 예문 및 후기를 제시한다.

병렬식 구성

병렬식 구성은 마치 건전지를 병렬로 연결하듯이 동등한 자격을 갖춘 구성요소들을 열거해서 장 제목을 구성하는 방식이다. 병렬식 구성도 MECE의 원칙을 따르기 때문에 어느 하나를 빼서는 안 된다. 하지만 직렬식에 비해 나열 순서는 자유로운 편이다. 비유하자면 '옷을 입는 순서'를 보여주는 것은 직렬식 구성에 해당하고 '옷장 속에 있는 옷'을 꺼내서 늘어놓는 것은 병렬식 구성에 해당한다.

재미있는 것은 병렬식 구성일 경우에도 '우선순위'라는 생각의 틀이 존재한다는 사실이다. 예를 들어 가까운 것과 먼 것을 설명할 때 가까운 것을 먼저 설명한다든지, 위와 아래를 설명할 때 위를 먼저 설명한다든지 하는 것이 그렇다. 이러한 생각의 틀은 문화권에 따라 자연스럽게 형성된 것이다. 병렬식으로 늘어놓을 때도 이런 생각의 틀을 따라야 독자들이 심리적 저항 없이 받아들일 수 있다.

병렬식으로 꼭지를 구성할 때는 중요한 것을 앞에 배치하고 덜 중요한 것을 뒤에 배치하는 것이 일반적이다. 이때 뒤로 갈수록 덜 중요한 것만 나오면 용두사미라는 인상을 줄 수 있다. 따라서 중요한 꼭지는 아껴뒀다가 제일 마지막에 터뜨리는 것이 좋다. 중요한 꼭지와 그렇지 않은 꼭지를 리듬감 있게 섞어서 배치해야 독자가 흥미를 잃지 않는다.

병렬식 구성에도 다양한 프레임이 존재한다. 예를 들어 '한국의 세시 풍속'에 관한 책을 쓴다면 월별로 구성할 수 있다. 건축에 관한 책을 쓴다면 층별로 장 제목을 붙일 수도 있다. 인생의 지혜에 관한 책이라면 진로, 사랑, 인간관계 등으로 구성할 수도 있다. 수필집, 단편소설집이나 《20대에 하지 않으면 안 될 50가지》(나카타니 아키히로, 바움)와 같은 책은 병렬식 구성의 대표적인 예이다.

📔 직렬식 구성 vs 병렬식 구성

사실 직렬식 구성과 병렬식 구성은 엄밀하게 구분하기 힘들다. 직렬식 구성에서도 How 부분은 병렬식 구성으로 되어 있는 경우가 많다. 반대로 병렬식 구성도 보는 관점에 따라 직렬식 구성의 성격을 동시에 가지는 경우도 많다. 이 책도 '책을 출간하는 과정'의 측면에서 본다면 직렬식 구성이지만 '책을 쓸 때 반드시 알아야 할 노하우'라는 측면에서 본다면 병렬식 구성이다. 즉 직렬식 구성과 병렬식 구성을 함께 사용해야 체계적인 목차를 만들 수 있다.

7. 만다라트로 목차 짜기

만다라트란 일본의 디자이너 이마이즈미 히로아키가 1987년에 창안한 창의적 발상법이다. 전체적인 모양은 9칸으로 구성되어있고 9칸은 또다시 작은 9칸으로 세분된다. 중심 키워드에서 떠올린 키워드를 다시 중심 키워드로 삼아 무한히 발상을 뻗어 나가는 방식이다. 아이디어가 떠오르지 않을 때 생각을 확산하고 정리하는 데 적합하다.

만다라트식 발상법

오타니 쇼헤이는 메이저 리그에서도 주목하고 있는 일본 최고의 투수이자 타자다. 오타니 쇼헤이는 엄청난 스펙을 가지고 있다. 194.5cm의 훤칠한 키, 미남형 얼굴, 165km의 강속구, 지명 4번 타자, 동료에 대한 배려심까지. 이 정도면 만화 주인공이라고 하더라도 '너무 현실감이 없다'고 욕먹을 정도다. 다음 그림은 오타니가 고등학생 때 '8구단 드래프트 지명 1순위'가 되겠다는 목표를 세우고 작성한 만다라트다.

몸관리	영양제 먹기	FSQ 90kg	인스텝 개선	몸통강화	축을 흔들리지 않기	각도를 만든다	공을 위에서 던진다	손목강화
유연성	몸만들기	RSQ 130kg	릴리즈 포인트 안정	제구	불안정함 없애기	힘 모으기	구위	하체 주도로
스태미너	가동역	식사/저녁 7수저(가득) 아침 3수저	하체강화	몸을 열지않기	멘탈 컨트롤 하기	볼을 앞에서 릴리즈	회전수업	가동력
뚜렷한 목표, 목적을 가진다	일희일비 하지 않기	머리는 차갑게 심장은 뜨겁게	몸 만들기	제구	구위	축을 돌리기	하체강화	체중증가
핀치에 강하게	멘탈	분위기에 휩쓸리지 않기	멘탈	8구단 드래프트 1순위	스피드 160km/h	몸통강화	스피드 160km/h	어깨주위 강화
마음의 파도를 만들지 말기	승리에 대한 집념	동료를 배려하는 마음	인간성	운	변화구	가동력	라이너 캐치볼	피칭을 늘리기
감성	사랑받는 사람	계획성	인사하기	쓰레기 줍기	부실 청소	카운트볼 늘리기	포크볼 완성	슬라이더 구위
배려	인간성	감사	물건을 소중히 쓰자	운	심판분을 대하는 태도	늦게 낙차있는 커브	변화구	좌타자 결정구
예의	신뢰받는 사람	지속력	플러스 사고	응원받는 사람이 되자	책읽기	직구와 같은 폼으로 던지기	스트라이크 에서 볼을 던지는 제구	거리를 이미지 한다

만다라트로 내용 생성하기

만다라트는 목차를 짤 때도 매우 효과적으로 활용할 수 있다. 우선 한 가운데에 제목을 쓴다. 그리고 주변에 제목에서 연상되는 키워드 8개를 채운다. 그러면 그냥 머릿속으로만 생각할 때보다 아이디어가 훨씬 많이 나온다. 빈칸을 보면 채우고 싶어지는 심리적 현상인 자이가닉 효과(Zeigarnik effect) 때문이다. 이 8개의 키워드를 임시 장 제목으로 삼은 후 다시 각각의 키워드를 중심으로 삼아 8개의 하위 키워드를 생각한다. 이러면 8개의 장 제목 아래로 총 64개의 꼭지 제목이 나온다.

📝 만다라트 활용하기

　만다라트는 병렬식 구성으로 목차를 만들 때 특히 편리하다. 자유롭게 상상하며 빈칸을 채우다 보면 어느새 8개의 장 제목이 만들어진다. 꼭지 제목을 만들 때도 마찬가지다. 초보 저자도 만다라트를 활용하면 쉽게 목차를 만들 수 있다. 직렬식 구성으로 목차를 만들 때도 우선 만다라트를 활용해서 책에 들어갈 꼭지를 떠올린 후 각 장의 구조에 맞춰 배치하면 된다.

📝 만다라트로 목차 짜기 사례

팟캐스트	언론홍보	SNS 마케팅	베스트셀러의 공식	기획의 중요성	주제 정하기	모방의 원리	제목의 구조	검색의 원리
북카페 서평단	홍보하기	서점 유료광고	출간 기획서 작성하기	기획하기	예상 독자 분석하기	공감의 원리	제목 짓기	이익의 원리
블로그	연재 플랫폼	제휴 마케팅	브랜드 세팅하기	경쟁 도서 분석하기	콘셉트 정하기	운율의 원리	흥미의 원리	오감의 원리
후기 쓰기	기획출간	자비출간	홍보하기	기획하기	제목 짓기	목차 짜기 실제 사례	목차의 중요성	목차의 구조
서론 쓰기	출간하기	독립출간	출간하기	책쓰기 교과서	목차 짜기	페이싱 리딩	목차 짜기	상향식 하향식
프로필 쓰기	전자출간	무료출간	고쳐 쓰기	초고 쓰기	자료수집	심층 제목 표층 제목	직렬식 병렬식	만다라트 목차 짜기
데코레이션 하기	간결하게 쓰기	읽기 쉽게 쓰기	글이 안 써질 때	A4 한 장 쓰기	스토리텔링 하기	외국 자료	직접체험	책
인상적인 구절 쓰기	고쳐 쓰기	느껴지게 쓰기	인용과 저작권	초고 쓰기	거꾸로 글쓰기	비유와 상징	자료수집	매스미디어
생동감 있게 쓰기	말하듯이 쓰기	균형 잡히게 쓰기	묻고 답하기	결론 쓰기	서론 쓰기	온라인 코스	오프라인 강의	인터넷

왼쪽 이미지는 내가 실제로 이 책의 목차를 짜면서 작성했던 만다라트이다. 책 한 권에 넣기에는 내용이 너무 방대해서 5장 구조로 개편하면서 꼭지들을 한데 합치거나 과감하게 삭제했다. 경우에 따라서는 추가하기도 했다.

8. 심층 제목과 표층 제목

소쉬르의 구조주의 언어학에 따르면 기호가 표시되는 형식을 '기표(signifier)'라고 하고 그것이 나타내는 대상이나 의미를 '기의(signified)'라고 한다. 즉 '꼬리를 흔들며 네 발로 뛰어다니고 멍멍 짖는 동물'이 '기의'에 해당하고 이것을 '개'나 'dog'라는 문자나 소리로 표현하는 것이 기표에 해당한다. 나는 여기서 아이디어를 얻어서 목차의 제목을 '심층 제목'과 '표층 제목'으로 구분했다.

심층 제목이란?

심층 제목이란 다듬어지기 전의 노골적이고 직접적인 목차 제목을 말한다. 구조주의 언어학의 개념을 빌리면 '기의'에 해당한다. 예상 독자의 질문에 대한 '단 한 문장'의 답변이 곧 심층 제목이다. 예를 들어 '꿈을 이루려면 어떻게 해야 하나요?'라는 질문에 대해 '이상을 추구하면서 현실의 고난을 견뎌라'라고 대답했다면 그것이 곧 심층 제목이 된다. 심층 제목은 작가가 원래 하고 싶은 말을 조금도 다듬지 않고 그대로 서술한 것이다.

표층 제목이란?

　표층 제목이란 심층 제목을 좀 더 세련되게 다듬은 목차 제목을 말한다. 구조주의 언어학의 개념을 빌리면 '기표'에 해당한다. 심층 제목은 너무 노골적이어서 독자들이 흥미를 느끼지 못한다. 목차에도 카피라이팅이 필요하다. 예를 들어 '이상을 추구하면서 현실의 고난을 견뎌라'라는 심층 제목은 '별을 바라보며 뻘을 걸어라'라는 표층 제목으로 바꿀 수 있다. 마치 시처럼 이미지, 비유와 상징, 운율을 활용하면 매력적인 꼭지 제목을 만들 수 있다.

왜 구분이 필요한가?

　번거롭게 심층 제목과 표층 제목을 구분해야 하는 이유는 무엇일까? 첫째, 목차에서 독자의 흥미를 끌어야 하기 때문이다. 그러나 초보 저자들이 만든 목차는 너무 투박해서 그대로 출간하기 힘들다. 둘째, 중요한 꼭지가 제목이 매력적이지 않다는 이유로 삭제되기도 하기 때문이다. 어떤 꼭지가 중요한 내용을 담고 있다면 삭제하지 않고 표현만 다듬어야 한다. 셋째, 집필을 빨리 시작할 수 있기 때문이다. 세상에 완벽한 목차는 없다. 목차를 예쁘게 다듬는데 시간을 쏟기보다 심층 제목이 나왔으면 일단 집필을 시작해야 한다. 목차 카피라이팅은 초고를 집필하는 틈틈이 할 수 있다.

목차는 속담처럼 쓰라

목차를 카피라이팅 할 때는 속담처럼 쓰려고 노력해야 한다. 속담은 모든 카피라이터가 지향해야 할 가장 세련된 문장이다. 예를 들어 인생의 지혜를 담은 자기계발서를 쓴다고 가정해 보자. 속담을 하나도 모른다는 전제 아래 '가는 말이 고와야 오는 말이 곱다', '백지장도 맞들면 낫다', '천릿길도 한 걸음부터'라는 꼭지 제목을 보면 어떤 느낌을 받을까? 나라면 주옥같은 문장들을 잊어버릴세라 모두 노트에 옮겨 적을 것이다. 속담은 다음과 같은 장점이 있다.

첫째, 속담은 누구나 공감할 수 있는 보편적 진리를 담고 있다. 속담으로써 살아남기 위해서는 짧게는 수백 년에서 길게는 수천 년 동안 구전되어야 한다. 제아무리 명언이라고 할지라도 시간과 공간을 초월하여 사람들의 공감을 사지 못하면 사라진다. 속담은 보편적인 진리를 가장 함축적인 표현 속에 담고 있는 명언 중의 명언이라고 할 수 있다.

둘째, 속담은 비유와 상징의 보물창고다. '구르는 돌에는 이끼가 끼지 않는다'는 속담을 보자. 열심히 일하는 사람을 '구르는 돌'에, 게으름으로 인한 퇴보를 '이끼'에 절묘하게 비유하고 있다. 이처럼 추상적인 관념을 주위에서 볼 수 있는 구체적인 사물로 쉽게 표현한 것이 속담이다. '티끌 모아 태산'이라는 속담도 절약의 당위성을 절묘한 비유를 통해 보여주고 있다.

셋째, 속담은 대구법으로 균형 잡힌 형식미를 갖추고 있다. 대구법은 같은 문장 구조가 짝을 이루는 것을 말한다. '호랑이는 죽어서 가죽을 남기고 사람은 죽어서 이름을 남긴다'는 속담은 전반부와 후반부가 비슷한 구조로 되어 있다. '가는 말이 고와야 오는 말이 곱다'나 '낮말은 새가 듣고 밤말은 쥐가 듣는다'도 마찬가지다. 이러한 대칭성은 문장의 형식적인 완성도를 높여준다.

넷째, 속담은 운율을 갖추고 있다. 운율은 두운이나 각운을 통해 드러난다. 두운은 문장의 앞부분에 비슷한 소리가 반복되는 것이고 각운은 문장의 끝 부분에 비슷한 소리가 반복되는 것이다. '꿩 먹고 알 먹고'에서 '먹고'가 각운을 형성하고 있으며 글자 수도 1글자 2글자/1글자 2글자로 균형을 이룬다. '윗물이 맑아야 아랫물이 맑다' 역시 '물'과 '맑'이 운율을 이룬다. 영어 속담 'No Pain No Gain'은 대구와 운율이 모두 완벽하다.

목차 카피라이팅의 사례

위에서 언급한 속담의 특성을 목차 카피라이팅에 적용해 보자. 다음은 내가 코칭한 《사하라로 간 세일즈맨》 목차의 일부분이다.

- 별을 보며 뻘을 걸어라

심층 제목은 '이상을 추구하며 험난한 현실을 견뎌라'이다. 높은 곳에서 빛나는 이상을 '별'로, 고단한 현실을 '뻘'로 비유했다. '별'과 '뻘'이 비슷한 발음으로 운율을 형성한다(* 표준어는 '펄'이지만 어감을 살리기 위해 '뻘'이라고 표기했다).

- 피(避)할 것인가 파(跛)할 것인가

심층 제목은 '시련을 피하지 말고 정면으로 도전해서 깨뜨려라'이다. 대구법을 사용하여 형태적으로 안정감을 주며 '피(避)'와 '파(跛)'가 비슷한 발음으로 운율을 형성한다.

- 색소폰으로 색다른 삶을 연주하다

심층 제목은 '취미로 색소폰을 즐기다 보니 남들과 다른 즐거운 삶을 살게 되었다'이다. '색소폰'과 '색다른'이 두운을 형성한다. 색소폰이라는 악기에 맞춰 '연주하다'라는 서술어를 선택하여 의미적 통일성을 부여했다.

🖋 모든 목차에 카피라이팅이 필요한 것은 아니다. 예를 들어 사전류에 카피라이팅을 하면 어떻게 될까? 일대 혼란이 벌어질 것이다. 정보 전달 위주의 실용서는 쉽고 간결한 목차가 더 어울릴 수 있다. 이 책은 책쓰기 실용서이기 때문에 독자들이 원하는 부분을 쉽게 찾아볼 수 있도록 목차를 간결하게 작성했다.

9. 목차 실제 사례

다음은 내가 집필하거나 코칭한 책의 실제 목차 사례이다. 《퍼펙트 자소서》는 직렬식으로 구성되어 있고, 《사하라로 간 세일즈맨》은 병렬식으로 구성되어 있다. 저자가 어떤 의도로 목차를 구성하고 카피라이팅을 했는지 참고하면 실제로 목차를 짤 때 큰 도움이 될 것이다. 배운 이론을 바탕으로 집에 있는 책의 목차를 다시 카피라이팅하는 것도 좋은 공부가 된다.

직렬식 구성 《퍼펙트 자소서》

- 1장 자소서는 자기 속에서 나온다

  1) 써도 써도 막막한 자소서

  2) 자소서는 자기 속에서 나온다

  3) 미리 쓰는 자소서가 합격을 결정한다

  4) 색다른 학교생활기록부 활용법

  5) 레오나르도 다 빈치의 천재적인 자소서

  6) 배운 점과 느낀 점으로 차별화하라

  7) 햄버거와 자소서의 평행이론

1장에서는 전체적으로 자기소개서의 중요성에 대해서 말한다. 1번 꼭지는 수험생이라면 누구나 공감할만한 내용이다. 2~7번 꼭지는 자기소개서를 쓸 때의 마음가짐과 주의사항에 대해 말한다. 이처럼 1장에서는 Why(이 책을 읽어야 하는 이유)와 What(이 책에서 제공하는 솔루션)이 드러나야 한다.

• 2장 PERSUADE 전략으로 입사관을 설득하라

1) Purpose: 목적에 맞게 쓰기

2) Episode: 에피소드로 쓰기

3) Research: 조사하고 쓰기

4) System: 체계적으로 쓰기

5) Unique: 차별화되게 쓰기

6) Association: 지원 학과에 맞게 쓰기

7) Detail: 구체적으로 쓰기

8) Expression: 효과적으로 표현하기

2장에서는 PERSUADE라는 단어의 철자에 맞춰 머리글자를 따서 자기소개서를 쓰는 근본적인 원리를 설명한다. 이렇게 머리글자를 따서 신조어를 만들면 다른 강사와 차별화되는 필살기가 된다. 신조어를 만들 때는 너무 낯설게 하면 억지스럽고 외우기 힘들다. 기존에 있던 단어를 활용하거나 약간만 바꾸되 주제와 관련이 있어야 한다. PERSUADE는 '설득'을 뜻한다는 점에서 자기소개서와 맥락이 통한다.

• 3장 문항별 작성요령

  1) 공통문항 1번: 학습경험 쓰는 법

  2) 공통문항 2번: 교내활동 쓰는 법

  3) 공통문항 3번: 갈등관리 쓰는 법

  4) 자율문항 (1): 성장과정 쓰는 법

  5) 자율문항 (2): 지원동기 쓰는 법

  6) 자율문항 (3): 학업계획 쓰는 법

  7) 자율문항 (4): 독서활동 쓰는 법

3장에서는 실제 자기소개서의 문항별 작성법을 설명한다. 2장에 나왔던 PERSUADE 전략이 실제로 어떻게 적용되는지를 보여주며 항목별 작성 팁을 알려준다. 2장에서 이론을 다루었다면 3장에서는 실제를 다룬다. 3장의 1~3번 꼭지의 순서는 실제 자기소개서 항목의 순서를 따랐다. 4~7번 꼭지의 순서는 자율문항 중 가장 많이 묻는 항목부터 병렬식으로 나열했다.

• 4장 자소서 합격 예문

  1) 서울대 컴퓨터공학부

  2) 경희대 우주과학과

  3) 숭실대 경영학과

  4) 서울과기대 기계시스템디자인공학과

  5) 중앙대 국문학과

  6) 동국대 국제통상학부

7) 국민대 기계시스템공학부

8) 건국대 인터넷미디어공학과

9) 고려대 정치외교학과

10) 서울대 심리학과

4장에서는 실제 합격 자기소개서 예문을 소개하고 그에 대해 해설을 한다. 4장은 병렬식으로 꼭지들이 나열되어 있다. 잘 보면 서울대가 첫 번째 꼭지와 마지막 꼭지에 배치되었음을 알 수 있다. 병렬식 구성일 경우에도 가장 임팩트 있는 내용은 처음과 마지막에 배치하는 것이 좋다. 특히 마지막 부분에 가장 좋은 꼭지를 배치하라. 끝이 좋으면 다 좋다.

병렬식 구성 《사하라로 간 세일즈맨》

- 1장 사막에서 모래를 팔아라

  1) 사막에는 길이 없다

  2) 쉬는 식을 때 강해진다

  3) 피(避)할 것인가 파(破)할 것인가

  4) 인생에 정규직은 없다

  5) 오래 살아남는 것이 강하다

  6) 시련은 셀프다

  7) 별을 보면서 뻘을 걸어라

  8) 세일즈로 도전을 전도하라

1장에서는 '사막'을 키워드로 삼아 '도전'에 대해 말한다. 2번 꼭지는 적절한 휴식을 취해야 더욱 성장할 수 있다는 의미이다. 8번 꼭지에서 '도전'과 '전도'는 거울 대칭을 이루고 있다. 이처럼 꼭지 제목을 카피라이팅할 때는 언어유희를 적절하게 사용하면 인상적인 문구를 쓸 수 있다. 하지만 너무 남발하거나 무리수를 두면 억지스럽게 느껴질 수 있으니 주의해야 한다.

- 2장 히말라야에서 나를 만나다

  1) 산에서 배운 삶

  2) 나누고 뿌리고 베풀고

  3) 돈 쓸 때와 돈 벌 때

  4) 터널이 기적을 만든다

  5) 색소폰으로 색다른 삶을 연주하다

  6) 밑에서 공감하라

  7) 끝에서 시작하라

  8) 한번을 오른다면 히말라야로 가라

2장에서는 '히말라야'를 키워드로 '자아'에 대해 말한다. 1번 꼭지는 '산'과 '삶'이라는 비슷한 발음의 단어가 좌우대칭을 이루고 있다. 2번 꼭지는 '고'가 각운을 이루고 있으며 3번 꼭지는 대구법, 두운, 각운, 받침(ㄹ), 글자 수 맞춤으로 운율을 살려냈다. 자기계발서류를 보면 어미가 하나같이 '~하라'로 끝나서 훈계하는 듯한 느낌을 받을 때가 있는데, 명사형으로 끝내기(1번), 어미 생략하기(2번), 평서형으로 끝내기(4번)와 같이 어미를 다양하게 써주어야 한다.

- 3장 길에서 변화를 꿈꾸다

  1) 길에게 길을 묻는다

  2) 페이스메이커가 되자

  3) 지붕부터 짓는 집은 없다

  4) change로 challenge하라

  5) 그래 가끔은 물구나무를 서자

  6) 진심은 진실로 통한다

  7) 항구에 머무는 배는 안전한 쓰레기다

  8) 에임스팟을 봐라

3장에서는 '길'을 키워드로 '변화'에 대해 말한다. 1번은 '길'로 운율을 준다. 4번은 발음이 비슷한 단어로 언어유희를 했다. 5번은 영화 제목을 패러디했고 6번은 '진'으로 두운을 형성했다. 7번은 윌리엄 셰드의 명언 '항구에 머무는 배는 안전하다. 그러나 배는 항구에 머물기 위해 만들어진 것이 아니다'를 패러디한 것이다.

- 4장 인생에서 지혜를 깨닫다

  1) 우리집 아이가 아니다

  2) 아름다운 보답

  3) 경계를 경계하라

  4) 멀리 나는 비행기의 활주로는 길다

5) 인생의 핸들을 잡아라

6) 직장입니까? 직업입니다!

7) 메신저가 되라

8) 당신의 가격표는 얼마입니까

4장에서는 '인생'을 키워드로 삶의 '지혜'를 말한다. 3번에서는 언어유희가 사용되었다. 6번에서는 '?'와 '!'가 사용되어 신선한 느낌을 준다. 박민규 소설집 《기린입니까? 기린입니다!》를 패러디한 것이기도 하다. 7번은 다른 책의 제목을 꼭지 제목으로 빌렸다. 8번은 의문형 어미를 사용했다.

• 5장 이기적인 세일즈가 답이다

1) 나만의 과녁을 쏜다

2) 위기의 절반은 기회다

3) 과거를 놓아야 미래를 잡는다

4) 지고도 웃는 세일즈 비법

5) 유머로 반전하라

6) 우문현답으로 적자생존하라

7) 커피 한 잔도 샤넬처럼 팔아라

8) 묏자리까지 봐주는 종신서비스

5장은 '세일즈'에 대해 말한다. 3번은 대구와 대조가 동시에 사용되었다. 4번은 역설적으로 표현했고 7번은 다른 책의 제목을 패러디했다. 8번은 '묏자리'와 '종신서비스'가 의미적으로 연결된다.

위 책은 세일즈 실용서라기보다는 저자의 자서전에 가깝다. 어린 시절
부터 연대기 순으로 서술하는 것은 지루하다. 각 장의 키워드를 바탕으
로 병렬식으로 삶을 재구성했다.

10. 목차 정리하기

　다음은 내가 목차를 정리할 때 사용하는 도구들이다. 목차 정리 도구에는 아날로그 방식(포스트잇, 목차프린트, 목차노트)과 디지털 방식(엑스마인드, 워크플로위)이 있다. 아날로그 도구는 손을 움직여서 작성하기 때문에 자유롭게 상상력을 펼칠 수 있지만, 휴대가 불편하고 다소 지저분하다. 디지털 도구는 언제 어디서나 깔끔하게 작성하고 수정할 수 있지만, 자유롭게 상상력을 펼치기 힘들다. 각자에게 맞는 도구를 쓰면 된다.

포스트잇

　'질문과 답변 100개 리스트'를 만들 때 포스트잇을 활용할 수 있다. 먼저 포스트잇 한 통을 준비한 후 포스트잇 1장에 예상 독자들의 질문과 그에 대한 답변 1세트를 쓴다. 80~100장의 질문과 답변 세트를 벽이나 책상에 붙인다. 비슷한 종류끼리 포스트잇을 모아서 4~10개의 그룹을 지어준다. 이 그룹이 각 장(章)이 된다. 포스트잇은 이리저리 옮기고 자유롭게 재조합할 수 있다. 비슷한 기능의 디지털 도구로 뮤랄(http://mural.co)을 활용할 수도 있다.

📓 엑스마인드

국산 마인드맵 프로그램이다. 마인드맵을 종이에 그리면 시간이 오래 걸리고 중간에 포기하기 쉽다. 마인드맵 프로그램을 활용하면 누구나 쉽게 목차를 작성할 수 있다. 중심토픽에서 Tap을 치면 하위토픽이 만들어지고 Enter를 치면 같은 레벨의 토픽이 만들어진다. 디자인이 수려하고 요약, 라벨, 관계선, 파일 첨부 등 다양한 기능이 있다. 무료 버전과 유료 버전이 있는데 목차를 만드는 것은 무료 버전으로 충분하다. 유료 버전의 경우 프레젠테이션 기능이 있어서 파워포인트 대신 강의 도구로 활용하기도 한다. 이 외에도 알마인드, 씽크와이즈 등 다양한 마인드맵 프로그램이 있다.

📓 목차프린트

목차프린트란 목차의 줄 간격을 넓게 해서 1~2장으로 출력한 것이다. 목차프린트는 언제 어디서나 책의 전체 구조를 한눈에 내려다볼 수 있다는 장점이 있다. 목차의 빈칸을 보면 그곳에 채워 넣을 말이 떠오르고 그것을 메모하다 보면 어느새 책으로 묶을 만한 자료가 쌓이게 된다. 하지만 필기 공간의 부족으로 자료를 충분히 적을 수 없는 점과 관리가 힘들다는 점이 단점이다. 그럴 때는 목차노트를 활용한다.

📓 목차노트

목차가 어느 정도 확정되면 소설책 크기의 노트 1권을 준비한다. 분량은 너무 두꺼운 것보다 항상 가지고 다닐 수 있도록 40~50장 정도가 좋다. 제일 앞장에는 제목과 부제를 쓰고 첫 1~2장에 전체 목차를 쓴다. 그리고 각 페이지에 꼭지 제목을 쓴다. 그러면 전체 40~50개의 꼭지를 노트 한 권에 모두 넣을 수 있다. 쓰고자 하는 책의 미니 버전이 되는 것이다. 목차노트를 항상 가지고 다니며 꼭지에 들어갈 명언, 에피소드, 인용구, 사례, 아이디어 등의 자료를 채워 넣는다.

워크플로위

워크플로위는 목차노트의 디지털 버전이라고 할 수 있다. 클라우드 기반 서비스라서 인터넷만 접속되면 휴대폰에서도, 윈도우에서도, 맥에서도 자유롭게 호환된다. 상위 레벨과 하위 레벨만 존재하고 잡다한 부가기능이 없어서 누구나 쉽게 쓸 수 있다. 목차 작성 외에도 독서 노트, 아이디어 정리, 자료 모음, to do 리스트 등의 용도로 활용할 수 있다. 내가 자료를 수집하거나 목차를 짤 때 가장 즐겨 쓰는 앱이다(https://workflowy.com).

[2교시 쉬는 시간] 성공의 마중물

유명해야 책을 쓰는 걸까? 책을 써야 유명해지는 걸까? 뫼비우스의 띠처럼 교묘하게 얽힌 문제다. 사람들은 마치 책쓰기에 자격증이라도 있는 것처럼 생각한다. 책을 쓰려고 마음을 먹었다가도 '내가 유명인도 아닌데 써 봤자 누가 사주겠어…' 하고 슬그머니 뒤로 물러난다. 하지만 아무리 유명한 작가라고 하더라도 무명이었던 시절은 분명히 있다. 그렇게 생각하면 선후 관계가 분명해진다. 책을 먼저 써야 유명해진다.

마중물로서의 책쓰기

성공해서 책을 쓰려면 많은 시간과 노력이 필요하다. 그 대부분은 책을 쓰는 데 필요한 시간과 노력이 아니라 성공하는 데 필요한 시간과 노력이다. 성공의 기준은 명확하지 않다. 10억을 벌면 성공했다고 할 수 있을까? 100억을 벌면? 이렇게 따지다가 늙으면 책을 쓸 기력도 사라진다. 휠체어에 탄 백만장자가 다 무슨 소용이란 말인가.

따라서 '마중물'로서의 책쓰기가 필요하다. 말라버린 펌프는 물이 안 나온다. 그럴 때는 물을 한 바가지 붓고 펌프질을 하면 물이 올라온다. 이 한 바가지의 물이 바로 '마중물'이다. 책쓰기를 익히는 데는 시간과 노력과 비용이 들어간다. 그러나 일단 책쓰기로 성공의 마중물을 부으면 그다음부터는 '책으로 인지도를 얻고 인지도 때문에 책이 더 잘 팔리는' 선순환 궤도에 진입할 수 있다.

　우리나라에 ISBN 코드를 가지고 저자로 등록된 사람은 약 25만 명으로 전체 인구의 0.5%에 불과하다고 한다. 아무나 저자가 되는 것이 아니다. 저자는 희소성이 있다. 희소한 것은 가치가 있다. 다이아몬드가 비싼 것은 단단해서가 아니라 희소해서이다. 사람들은 책을 쓴 사람을 상위 0.5%의 지식인으로서 존중하고 대접해 준다. 책의 저자가 된다는 것은 누구나 부러워하는 다이아몬드와 같은 사람이 되는 것과 같다.

돈과 시간의 관계

　성공을 두 개의 키워드로 정의하자면 '돈'과 '시간'이다. 돈이 아무리 많아도 그것을 누릴 시간이 없다면 성공했다고 볼 수 없다. 휠체어 탄 재벌보다 자전거 탄 청년이 낫다. 반대로 시간이 아무리 많아도 인간답게 살아갈 최소한의 돈이 없다면 성공했다고 보기 힘들다. 아무리 시간이 많다고 한들 누가 거지를 성공한 인생으로 보겠는가?

　문제는 돈과 시간이 시소와 같은 관계에 있다는 것이다. 일해서 돈을 벌면 놀 시간이 없고, 백수가 돼서 시간이 많으면 즐길 돈이 없다. 그래서 부자는 돈으로 시간을 산다. 월급을 주고 자기 대신 일 해 줄 사람을 고용하는 것이다. 반면 노동자는 시간을 팔아서 돈을 산다. 종일 자신의 시간, 즉 생명을 회사에 바치고 그 대가로 월급을 받는다.

삶에 획기적인 변화가 일어나지 않는 한 이런 굴레를 벗어나기는 힘들다. 삶에 획기적인 변화를 가져오려면 자신의 능력을 집중적으로 계발해야 한다. 능력을 집중적으로 계발하려면 일정 기간 동안 상당한 시간과 돈을 투입해야 한다. 그러나 돈과 시간은 시소와 같은 관계라서 둘 다 충족시키기 힘들다.

부자는 여유로운 돈과 시간으로 계속 자신을 계발해서 더욱 부자가 되고 가난한 사람은 부족한 돈과 시간 때문에 자신을 계발할 시간이 없어서 더욱 가난해진다. 그래서 우리의 아버지도, 아버지의 아버지도 평생을 돈과 시간의 수레바퀴에서 뱅뱅 돌다가 인생을 마감했다. 부자와 가난한 사람은 단순한 물질의 소유량이 아닌 자기계발과 관련된 근본적인 조건이 다른 것이다.

그렇다면 이 윤회와 같은 굴레를 깨려면 어떻게 해야 할까? 아무리 생각해도 책을 쓰는 게 가장 빠르다. 약간 무리를 해서라도 딱 1년만 투자하면 삶에 획기적인 변화를 가져올 수 있다. 나는 2~3년간 집중적인 자기계발의 시간을 가지기로 결심한 후 최소한의 생활비를 빼고는 모든 시간과 돈을 자기계발에 쏟아부었다. 결국, 그것이 마중물이 되어 평범한 교사에서 책쓰기 교육 전문가로 인생을 바꿀 수 있었다.

책쓰기로 퍼스널 브랜딩하라

책쓰기는 한 분야의 전문가로 인정받을 수 있는 가장 빠른 길이다. 한 분야에서 전문가로 인정받으려면 최소 10년의 경력은 있거나 석박사 학위를 따야 한다. 그보다는 책 한 권을 쓰는 것이 빠르다. 책은 빠르면 3개월에서 늦어도 1년만 고생하면 쓸 수 있다. 그 과정에서 비용이 들어갈 수도 있지만, 대학원 학비에 비하면 아무것도 아니다. 책을 쓰면 네이버 인물 검색에 저자로 등록되고 뉴스 기사에 뜨기도 한다. 책을 통해 강연이나 방송 섭외가 들어오고 비즈니스를 폭발적으로 성장시킬 수 있다.

나 역시 책을 단순히 부와 명예의 도구로만 보는 관점에는 동의하지 않는다. 솔직히 좀 천박한 느낌이 드는 것도 사실이다. 하지만 책과 성공이 밀접한 관련이 있는 것만은 부정하기 힘들다. 사람들은 누군가를 판단할 때 그 사람의 모든 것을 보고 판단하지 않는다. 그럴만한 시간적인 여유도 없다. 사람들에게는 눈에 보이는 증거가 필요하다. 책은 사람들이 누군가를 그 분야의 전문가로 인식하는 결정적인 단서가 된다. 자신의 지식과 노하우를 판매하는 1인 창업가라면 우선 책부터 써야 한다. 그래야 전문가로 자리매김하고 사람들에게 인정받을 수 있다.

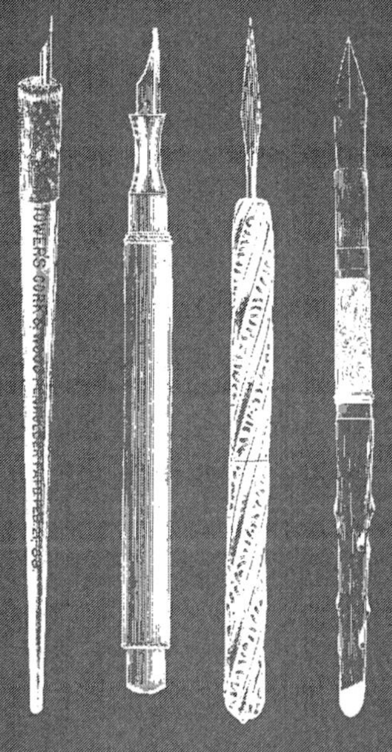

Chapter 3
자료 수집하기

"부화 이전에 준비과정을 충분히 거쳐야 한다. 문제에 몰두하여 자료를 수집하고 분류하고

해석하는 과정이 여물어야 한다. 어떤 소설가가 내게 이런 말을 했다. 마음속에 담아 둔 말이

목구멍을 넘쳐 나오려고 할 때 글을 쓰기 시작하라고." - 강동화, 《나쁜 뇌를 써라》

1. 자료의 중요성

허영만은 자타가 공인하는 대한민국 최고의 만화가이다. 그런 허영만도 연재 원고 1회분(25~30쪽)을 그리려면 방대한 자료를 수집한다. 참고 서적 20~30권을 펼쳐놓고 조사하는 것도 부족해서 한 번 취재를 나갈 때마다 수십 롤의 필름을 찍는 것은 기본이다. 오늘날 허영만을 최고의 만화가로 만든 것은 이러한 자료의 힘이 아니었을까?

지식의 테라포밍

책을 쓰는 일은 지식의 테라포밍이다. 테라포밍이란 우주선이 낯선 행성에 가서 현지의 자원을 조달해서 기지 등을 짓는 것을 말한다. 책쓰기도 마찬가지다. 자기 머릿속에 있는 지식은 한계가 있다. 자기 생각만 가지고 글을 쓰려고 하면 했던 말을 표현만 바꿔서 반복하기 쉽다. 내용이 풍부한 책을 쓰려면 글을 지을 재료를 외부에서 조달해야 한다.

자료로 뒷받침되지 않는 의견은 골조만 남은 건물처럼 볼품없다. 글쓰기에서 저자의 주관적인 생각이 직접 개입되는 부분은 많지 않다. 글의 몸통을 이루는 나머지 부분은 외부에서 가져온 자료라고 볼 수 있다. 그렇다고 하더라도 글의 주인이 작가임은 분명하다. 이는 요리사가 시장에서 사 온 재료로 요리했을 때, 그 요리를 만든 사람이 시장 아줌마가 아니라 요리사인 것과 마찬가지다.

창작은 편집이다

책을 쓰는 일은 창작보다 편집에 가깝다. 0에서부터 온전히 저자의 생각만으로 쓰인 책은 없다. 소설이라고 할지라도 수많은 참고자료가 존재한다. 한국의 대표적 지식인 중 한 명인 강준만 교수는 그의 저서 《글쓰기의 즐거움》에서 다음과 같이 말한다.

"보통 사람들이 느끼는 글쓰기의 고통은 뜻밖에 과욕에서 비롯된다. 처음부터 자신이 모든 걸 다 만들어내겠다니, 그 얼마나 무모한 욕심인가? 윤리적이고 겸허한 편집자의 자세를 갖게 되면 당연히 많이 읽고 생각해야 할 필요를 느끼게 된다."

《나는 아내와의 결혼을 후회한다》의 저자 김정운 교수 또한 《에디톨로지》를 통해 '창작은 곧 편집'이라고 선언한다. 맞는 말이다. 내가 지금 하는 작업도 창작이라기보다는 일정한 관점에 따라 자료를 취합하고 배열하는 편집이라고 할 수 있다. 편집하려면 재료가 필요하다. 그것이 바로 '자료'이다.

자료가 책을 결정한다

한 권의 책은 생각과 자료로 이루어져 있다. 작가의 생각이 책의 설계도라면 자료는 책을 이루는 모래이고 벽돌이며 철근이다. 한마디로 말하면 자료의 질과 양이 곧 책의 질과 양을 결정한다. 작가라면 인식의 안테나를 곤두세우고 주위에 떠돌아다니는 수많은 정보 속에서 책과 관련된 자료를 낚아채야 한다. 심리학에서 말하는 '컬러 배스 효과(color bath effect)'란 한 가지 색깔에 집중하면 해당 색을 가진 사물들이 눈에 띄는 현상을 말한다. 마찬가지로 작가가 어떤 주제로 책을 쓰겠다고 마음을 먹으면 그때부터 책과 관련된 정보들이 자석처럼 끌려온다. 자료가 너무 많아서 관리하기 힘들면 '에버노트'나 '워크플로위'와 같은 앱을 활용해서 정리한다.

자료조사의 제1원칙

자료조사의 제1원칙은 탐색의 범위와 기한을 정해두는 것이다. 자료는 찾으면 찾을수록 더 좋아 보이는 자료가 계속 나타난다. 처음에 자료조사의 범위와 기한을 정하지 않으면 자칫 자료의 미로 속에서 길을 잃고 돌아오지 못할 수도 있다. 그래서 1달이든 2달이든, 기한을 정해놓고 그동안은 미친 듯이 자료 속에 빠져 살아야 한다. 하지만 기한 이후에는 미련을 두지 말고 집필에 뛰어들어야 한다. 이 원칙은 매우 중요하다.

이 원칙을 무시하고 '보다 오래, 더욱 많은' 자료를 찾겠다고 덤벼들면 평생 책 1권도 쓰기 힘들다. 왜냐하면, 세상의 모든 자료를 찾는 것은 물리적으로 불가능할뿐더러 지금 이 순간에도 새로운 정보가 계속 생겨나고 있기 때문이다. 책을 쓸 때 필요한 자료는 정해둔 시간 내에 80%를 찾을 수 있다. 나머지 20%를 찾는 데 걸리는 시간은 앞의 80%를 찾는 데 걸린 시간보다 훨씬 오래 걸린다. 욕심을 버리고 80%에 만족해야 한다. 그래야 책을 쓸 수 있다. 추가적인 정보는 초고를 끝낸 다음에 보충하면 된다.

자료조사의 제2원칙

자료조사의 제2원칙은 자료를 실시간으로 정리하는 것이다. 자료는 처음부터 규칙을 정해서 분류하고 정리하지 않으면 나중에는 도저히 손을 댈 수가 없다. '일단 모으고 나중에 정리해야지' 하고 미루다 보면 방대한 자료의 늪에 빠져서 허우적대다가 책쓰기를 포기하는 사태까지 벌어진다. 이러한 사태를 막기 위해서는 자료를 모을 때마다 '목차의 어느 항목에 들어갈 것인가?'를 순간적으로 판단해서 정리해야 한다. 마치 우체국에서 우편번호에 따라 우편함에 편지들을 분류하듯이 자료의 번지수를 찾아 주어야 한다. 중요하므로 다시 한 번 강조한다. 자료는 찾는 즉시 정리해야 한다.

자료수집이 곧 책쓰기다

'창작은 곧 편집'의 관점에서 보자면 자료수집 자체가 이미 책쓰기라고 할 수 있다. 책은 독자에게 필요한 정보를 한 권으로 모은 자료집이다. 독자들이 일일이 찾을 시간이 없으니 작가가 대신 수고한 대가로 인세를 받는 것이다. 그런 의미에서 자료수집은 책쓰기의 가장 본질적인 부분이라고 해도 과언이 아니다. 자료수집을 책쓰기의 예비 작업이라고 생각하지 말고 책쓰기 그 자체라고 생각하자. 전체 집필 시간의 70~80%를 자료수집에 쏟고 나머지 시간을 집필에 쓰는 것이 적당하다. 자료수집만 잘 되어 있으면 초고는 일주일 안에 끝낼 수도 있다.

2. 체험

책을 쓸 때 가장 중요한 자료원은 저자의 체험이다. 체험을 쓸 때는 자신의 프라이버시를 드러내야 한다. 부끄럽다고 프라이버시를 감추면 글이 겉돌고 진정성이 사라진다. '이것만큼은 말하기 부끄러운 바로 그것'을 책으로 쓸 때 독자들은 공감한다. 독자가 돈을 주고 책을 사는 이유는 다른 책에서는 볼 수 없는 저자의 체험이 들어있기 때문이다.

직접체험

한 권의 책에는 저자의 직접 체험이 40% 이상 들어가야 한다. 그보다 적으면 다른 책을 짜깁기한 책이라는 인상을 줄 수 있다. 자신의 이름을 내걸고 쓰는 책을 남의 지문으로만 채울 수는 없다.[2] 만약 직접 체험이 부족하다면? 만들면 된다. 예를 들어 여행 일기를 출간하고 싶다면 침대에 누워서 공상만 할 것이 아니라 당장 비행기 표를 알아보고 떠나면 된다. 비행기 표를 살 돈이 없다면 아르바이트를 하면 된다. 아르바이트할

---

2 송숙희, 《책쓰기의 모든 것》, 인더북스

시간이 없다면 아끼는 비싼 물건을 팔거나 그래도 안 되면 빌리면 된다.
무슨 일이든 할 마음만 있다면 방법은 있다.

간접체험

직접 경험하지 않은 것도 체험이 될 수 있다. 대화로부터 알게 된 지식
이나 정보도 일종의 간접 체험이라고 할 수 있다. 그래서 저자는 이야깃
거리가 몰려있는 곳에 스스로 찾아가야 한다. 어떤 분야에 관심을 가진
사람들이 모여 있으면 자연스럽게 관련 정보도 모이게 마련이다. 같은 관
심을 가진 사람들끼리 모임을 구성하고 참가하는 것을 즐겨라. 몇 마디
오가는 흔한 대화 속에서 귀중한 정보를 얻을 수 있다.

메모와 사진

직접 체험으로 자료를 수집할 때는 메모와 사진 촬영을 잊으면 안 된
다. 생각은 나뭇가지에 잠깐 앉은 새와 같다. 메모라는 새장에 가두지 않
으면 금세 날아가 버린다. 평소 수첩이나 메모 앱을 활용해서 떠오르는
아이디어를 모두 적어보자. 스마트폰 받아쓰기 기능을 활용하면 운전을
하다가 음성으로 메모할 수도 있다. 사진 촬영도 중요하다. 직접 찍은 사
진은 저작권 걱정이 없는 최고의 자료다.

자료는 책 속에만 있는 것이 아니다. 때로는 직접 발로 뛰면서 찾아야 한다. 《설득의 심리학》의 저자 로버트 치알디니는 한 권의 책을 쓰기 위해 수년간 방문판매원과 텔레마케터로서 활동했다. 소설가 조정래는 《태백산맥》을 쓰기 위해 수십 번 현장 답사하고 수십 권의 수첩에 메모를 남겼다. 그는 말한다. "독서는 앉아서 하는 여행이고 여행은 서서 하는 독서다"라고.[3]

---

3 조정래, 《조정래의 시선》, 해냄

3. 책

　일본의 지식인 다치바나 다카시는 어떤 분야에 관해 알고 싶으면 높이 1m에 이르는 책을 쌓아놓고 읽었다고 한다. 책 1권을 쓰기 위해서는 최소 50~100권 이상의 참고도서가 필요하다. 우선 같은 주제를 다룬 참고도서를 보면서 자신의 책에 들어갈 자료를 발췌하고 정리한다. 나 역시 이 책을 쓰기 위해서 '책쓰기'나 '글쓰기'에 관해 국내에 있는 책은 거의 다 구해서 읽었다. 심지어 미국 아마존이나 일본 아마존에서 원서를 구한 후 번역해서 읽기도 했다.

장(章) : 책(冊)

　너무 유사한 장르의 책만 보면 다른 책과 비슷해질 위험이 있다. 이럴 때는 장(章)별로 관련 도서를 찾으면 더 깊이 있는 자료를 얻을 수 있다. 예를 들어 이 책에서 '기획하기'를 쓸 때는 기획에 관련된 책을 20권 정도 구해서 보았고 '제목 짓기'를 쓸 때는 제목에 관련된 책을 15권 정도 구해서 보았다. '책(冊) : 책(冊)'이 아니라 '장(章) : 책(冊)'으로 자료조사를 하는 것이 내용이 풍부한 책을 쓰는 비결이다.

🗒 사례가 많은 책

현실적으로 많은 책을 사는 것이 무리라면 사례가 많은 책을 골라서 사야 한다. 세계문학 전집이나 성경 등의 고전은 거의 모든 주제의 책에 인용할 수 있는 자료집이다. 《세상의 모든 법칙》, 《세상의 모든 심리학 개념》에도 서론에 인용하기 좋은 사례들이 많이 나온다. 별자리나 꽃말에 얽힌 사연을 엮은 책도 좋다. 그밖에 《EBS 다큐 프라임》과 같이 TV 교양 프로를 엮은 책이나 유머집, 만화책, 주제와 관련한 전문잡지, 논문, 수필이나 산문집, 인용구 모음집 등에서도 자료를 얻을 수 있다. 인터뷰를 모은 대담집에서도 생동감 넘치는 사례와 명언을 얻을 수 있다.

🗒 온라인 서점의 책 소개

약간 꼼수이기는 하지만 온라인 서점의 책 소개를 활용하는 방법도 있다. 어떤 주제에 관한 자료가 필요하다면 우선 '알라딘'이나 '예스24'와 같은 온라인 서점에서 해당 주제로 검색한다. 그러면 관련된 책이 모두 뜬다. 그중에서 주제에 가장 부합하거나 흥미를 끄는 책을 선택한다. '책 속의 한 줄'이나 '책 속으로' 등을 보면 참고할 만한 구절이 쪽수와 함께 인용되어 있다. 나는 매달 100권 정도의 책을 사는데 이렇게 인용구를 찾다가 장바구니에 넣는 경우가 많다.

🗒 발췌독의 중요성

조선 후기의 실학자 정약용은 두 아들에게 답하는 편지에서 다음과 같이 말했다.

"무릇 한 권의 책을 얻더라도 내 학문에 보탬이 될 만한 것은 채록하여 모으고, 그렇지 않은 것은 눈길도 주지 말아야 한다. 이렇게 한다면 비록 백 권의 책이라도 열흘 공부 거리에 지나지 않는다."

집필을 위한 독서는 감상을 위한 독서와 다르다. 버릴 것은 과감하게 버리고 철저하게 발췌독을 해야 한다. 독서란 수천의 문장 사이에서 나를 성장시킬 단 한 문장을 찾는 과정이다.[4]

4　안나미 아쓰시, 《1만 권 독서법》, 위즈덤하우스

4. 대중매체

대중매체란 TV, 신문, 영화, 라디오 등 불특정 다수를 대상으로 메시지를 전달하는 전통적인 매체를 말한다. 요즘은 인터넷과 SNS가 발달하면서 대중매체의 영향력이 많이 줄었지만, 여전히 중요한 매체임은 틀림없다. 대중매체는 대중의식의 공통분모를 형성한다. 시대에 뒤떨어진 책을 쓰지 않으려면 대중매체를 통해 수시로 트렌드를 확인해야 한다.

TV

TV에서 가장 중요한 것은 뉴스다. 뉴스에서 다루는 것은 대중들의 삶과 큰 관련이 있는 시의성이 있고 중요한 사건들이다. 뉴스를 다 챙겨볼 시간이 없으면 만평이라도 보는 것이 좋다. 만평은 그날의 가장 중요한 뉴스를 1~4컷의 만화로 표현한 것이다. 만화가의 재치 넘치는 통찰력도 아이디어 발상에 도움을 준다.

'힐링캠프'와 같은 프로그램도 참고할 만하다. 이런 방송에는 유명인사들이 출연해서 내면의 이야기를 하는 경우가 많다. 특히 대중들은 연예인이나 운동선수의 스토리에 관심이 많다. 서론이나 결론에 그들의 사례를 인용하면 독자들의 공감을 살 수 있다. 대중들이 좋아하는 김제동의 명언도 이런 종류의 프로그램을 통해 널리 알려졌다.

신문

신문은 인터넷이나 스마트폰으로 보는 것보다 1~2종류를 직접 구독하는 것이 좋다. 종이 신문에는 디지털 신문이 따라올 수 없는 몇 가지 장점이 있다. 종이 신문을 펼치면 다양한 정보가 동시다발적으로 펼쳐지기 때문에 평소에 관심이 없던 분야로부터 새로운 지적 자극을 받을 수 있다. 반면 인터넷 신문은 관심이 있는 기사만 선택해서 보기 때문에 새로운 지적 자극을 얻기 어렵다.

또한, 종이 신문은 단시간에 많은 양의 정보를 얻을 수 있다. 종이 신문 1부에 들어가는 활자를 다 합치면 웬만한 책 한 권과 맞먹는다. 가볍게 훑어보는 것만으로도 방대한 지식을 받아들일 수 있다. 품질 면에서도 인터넷 신문은 낚시성 제목으로 클릭을 유도하거나 맞춤법도 틀리게 쓰는 경우가 많지만, 종이신문의 기사는 상대적으로 완성도가 높다.

라디오와 CD

라디오에서도 의외의 글감을 발견할 때가 많다. '컬투쇼'와 같은 프로그램에는 서론에 인용할만한 재미있는 에피소드들이 많이 나온다. 라디오는 아니지만 추천하고 싶은 것이 강연 CD를 사서 듣는 것이다. 운전할 때나 자투리 시간을 활용하여 귀로 받아들이는 정보의 양은 눈으로 읽는 정보에 비해 적지 않다.

일본의 유명 컨설턴트 간다 마사노리는 "내 성공의 비결 중 딱 하나만 말하라면 주저 없이 강연 테이프를 들은 것이라고 말하겠다"고 말할 정도다. 강연 CD는 강연자의 억양과 말투가 가미되기 때문에 책보다 재미있고 같은 내용도 전혀 새롭게 와 닿는다. 나는 석세스TV(http://www.successtv.co.kr)에서 전체 강연 CD 374개를 사서 운전을 할 때마다 듣는다. 중간에 차를 잠깐 세워놓고 메모할 정도로 좋은 사례들이 많이 나온다.

광고

광고도 중요한 자료다. 재미있는 광고 문구를 제목과 목차에 응용할 수도 있고 광고화면을 저장해서 본문 속에 자료로 삽입할 수도 있다. 요즘은 광고 자체가 짧은 스토리텔링으로 이루어진 경우가 많아서 에피소드로 활용할 수도 있다. 특히 해외 광고제에서 상을 받은 공익광고들은 매우 기발한 아이디어를 보여주므로 따로 폴더를 만들어서 수집하는 것이 좋다.

5. 인터넷

인터넷은 자료의 보물창고라고 할 수 있다. 요즘 정보의 대부분은 인터넷으로 통합되고 있다. 나 또한 어떤 주제로 글을 쓰려고 할 때 책보다 인터넷을 먼저 검색한다. 인터넷 검색을 통해 대략적인 정보들을 파악하고 나서 관련 책을 사는 식이다. 다소 극단적으로 말하자면 인터넷만 연결되어 있으면 언제 어디서나 어떤 주제로도 일정한 품질 이상의 글을 쓸 수 있다.

소제목별 검색

인터넷에서 검색할 때는 꼭지의 주제문으로 검색하는 것보다 소제목으로 검색하는 것이 좋다. 예를 들어 '창업에는 마음가짐이 중요하다'라는 꼭지의 주제문을 검색하면 비슷한 자료들만 나온다. 이럴 때는 마음 자세를 열정, 인내, 자제력으로 나누고 '열정', '인내', '자제력'을 각각 검색한다. 그리고 각각의 키워드에 해당하는 자료를 모아서 다듬은 후 글에 삽입한다. 어떤 기준으로 주제문을 나누고 자료를 선택할지는 저자마다 다르며 여기서 개성이 나타난다.

📝 구글 검색

검색을 잘한다는 것은 원하는 정보를 쉽고 빠르게 찾는다는 의미이다. 몇 가지 구글 검색 팁을 활용하면 같은 시간에 훨씬 효율적으로 정보를 찾을 수 있다.

1) '키워드+filetype:( )'으로 검색하면 원하는 타입의 파일만 검색할 수 있다.

2) 'define+키워드'로 검색하면 검색어에 대한 정의를 바로 볼 수 있다.

3) '키워드'로 검색하면 해당 키워드가 반드시 포함된 결과만 나온다.

4) '-키워드'로 검색하면 해당 키워드를 제외한 결과가 나온다.

5) 검색창에 단순 사칙연산을 입력하면 계산 결과가 나온다.

6) 환율 및 단위를 변환할 때 '1달러=?원'과 같이 이퀄(=)을 사용하면 편리하다.

7) '아인슈타인 ( ) 이론'과 같이 모르는 단어는 ( )로 비워두면 알아서 빈자리를 채운 결과가 나온다.

8) 검색하고 싶은 두 키워드 사이에 or를 입력하면 둘 중 하나라도 포함된 결과가 나온다.

9) 'site:사이트 주소 + 키워드'로 검색하면 특정 사이트 내의 결과만 나온다.

10) 'link:사이트 주소'를 검색하면 그 사이트를 링크한 모든 사이트가 나온다.

유튜브

유튜브를 단순히 동영상만 올리는 SNS라고 생각하면 안 된다. 유튜브는 구글에 이어 세계 제2의 검색엔진이다. 예전에는 모르면 무조건 네이버나 구글에서 검색했지만, 요즘은 유튜브를 검색하는 경우가 많다. 사람들이 궁금해하는 'OO 하는 방법'이 대부분 유튜브에 동영상으로 올라와 있기 때문이다. 새로 나온 스마트폰 리뷰에서부터 철학적인 개념 설명까지, 유튜브에는 온갖 자료들이 넘쳐난다. 지루한 서론이 없이 바로 본론부터 나오는 경우가 많아서 잘 활용하면 양질의 자료를 얻을 수 있다.

블로그

블로그를 검색할 때는 네이버 블로그만 의존하지 말고 다음이나 구글도 활용하는 것이 좋다. 그래야 남들과 중복되지 않는 참신한 자료를 얻을 수 있다. 특히 네이버에 밀려서 존재감이 많이 약해진 다음 블로그를 잘 찾아보면 묵묵히 양질의 자료를 올리는 숨은 보석 같은 블로그가 많다. 산골 시인 김용호의 블로그 '구도세상(http://www.gudosesang.com)'에는 엄청난 양의 명언 및 예화 자료들이 있다. 네이버 블로그 '흐름을 넘어서(http://blog.naver.com/jscho7942)'에도 좋은 예화와 유머 자료가 많이 있다. 특히 다음 검색에 잘 노출되는 브런치(https://brunch.co.kr)에는 분야별로 전문적이고 수준 높은 글들이 많으므로 참고할 만하다.

기타 자료

양질의 강연자료를 얻을 수 있는 곳으로 슬라이드쉐어(http://www.slideshare.net)를 추천한다. 이곳에는 유료로 들어야 하는 각종 세미나의 강연자료가 무궁무진하게 널려있다. 나중에 찾아보지 말고 이 글을 읽는 즉시 방문해 보자. 지금까지 몰랐던 신세계가 펼쳐진다. 때로는 국회도서관(http://www.nanet.go.kr)이나 해피캠퍼스(www.happycampus.com)에서 논문이나 리포트 자료를 구하기도 한다. 특히 비즈니스를 하다 보면 각종 계약서나 제안서, 이력서 등의 양식이 필요한데 해피캠퍼스에서 저렴한 가격에 구할 수 있다.

자동알림

매번 검색해서 자료를 모으기가 힘들다면 구글 알리미나 RSS 구독 등을 통해 자동으로 자료를 받을 수 있다. 구글 알리미에 관심 있는 키워드(예: 책쓰기, 창의력 등)를 미리 입력해두면 검색엔진이 해당 키워드가 들어간 자료를 모아서 매일 이메일로 배달해준다. 크롬 RSS 구독 확장프로그램을 설치하고 관심 블로그나 사이트의 RSS 주소를 등록하면 새 글이 올라올 때마다 알림을 받을 수 있다. '아이보스'나 '블로터'처럼 내용이 충실한 뉴스레터를 발행하는 사이트에 가입하는 것도 좋다.

자료 관리

검색해서 찾은 자료들은 발견 즉시 저장하는 것이 중요하다. '다음에

와서 봐야지' 하면 절대로 기억나지 않는다. 좋은 자료가 모여있는 사이트는 따로 URL 리스트를 만들어서 정리한다. 에버노트 웹 클리퍼나 크롬 확장 프로그램 '포켓' 등을 활용하면 잊어버리기 쉬운 URL을 손쉽게 모아둘 수 있다. 카페 글 중에서 좋은 자료가 있으면 내 카톡으로 공유하고, 공유가 막혀 있으면 게시물에 자료를 알아볼 수 있도록 댓글을 남긴다. 나중에 '내가 쓴 댓글'을 모아서 보면 일종의 자료창고로 활용할 수 있다. 이것도 할 시간이 없으면 화면캡처라도 해서 저장한다.

6. 오프라인 강의

오프라인 강의를 중요한 자료원으로 생각하는 사람은 별로 없다. 그러나 남들과 차별화된 자료를 얻기 위해서 오프라인 강의를 찾아 듣는 것이 매우 중요하다. 무료강의도 좋지만, 기왕이면 유료강의를 듣는 것이 좋다. 저서를 출간한 유명강사라고 할지라도 유료강의에서는 책에서 감췄던 정보를 공개하는 경우가 많다. 강의는 책보다 고가의 상품이기 때문에 강사도 그에 걸맞게 차별화된 정보를 주고 싶어 한다.

정보격차

오프라인 강의를 들어야 하는 이유는 '정보격차' 때문이다. 사람들은 소유한 정보의 레벨이 비슷한 사람들과 어울린다. 그래야 서로 주고받는 정보(=이익)가 비슷하기 때문이다. 더욱 양질의 정보를 얻으려면 나보다 정보의 레벨이 높은 사람을 만나야 한다. 그러나 그런 사람들은 잘 만나주지 않는다. 자기 분야에서 유명하고 바쁘기 때문이다. 그럴 때는 그 사람이 개최하는 세미나나 강의에 참여하면 된다. 그것을 계기로 그 사람과 연결된 비슷한 레벨의 사람들을 만나는 기회도 얻을 수도 있다. 스스로 그 레벨까지 올라가서 동급의 사람들을 만나려면 강의료보다 훨씬 많은 비용과 시간을 투자해야 한다.

강의 자료

강의를 들었으면 정성스럽게 후기를 남기고 강의 자료를 받자. 강의는 후기가 중요하기 때문에 수강 후기를 남겨야 강의안을 주는 경우가 많다. 이때 자료만 받으려고 대충 써서는 강사의 호감을 살 수가 없다. 기왕 쓸 바에야 잘 써주면 강사도 그 사람을 기억했다가 약속했던 것 이상의 정보를 주기도 한다. 강사의 연락처를 저장했다가 너무 귀찮게 하지 않는 범위에서 질문하는 것도 차별화된 정보를 얻을 수 있는 길이다. 강사들은 기본적으로 누군가를 가르치는 것을 즐기는 사람들이기 때문에 적극적인 수강생에게는 하나라도 더 알려 주고 싶어 한다.

비싼 강의

강의는 기왕이면 비싼 강의를 듣는 것이 좋다. 무료나 저가 강의만 찾아 듣는 사람들도 있는데 결국 1년이 지나고 2년이 지나도 큰 발전이 없는 경우가 많다. 그렇지 않은 예도 있지만 대개 강의의 질은 강의료에 비례하는 경우가 많다. 비싼 강의를 들어야 하는 또 다른 이유는 휴먼 네트워크 때문이다. 비싼 강의를 듣는 사람은 대개 자기 분야에서 활발하게 활동하는 사람들이다. 경제력도 있고 열정이 남다르다. 같은 수강생으로서 이런 레벨의 사람들과 교류한다면 생각지도 못한 비즈니스의 기회를 잡게 될 수도 있다.

📓 자료 관리

　강의자료는 따로 폴더를 만들어서 저장해 두어야 한다. 나는 언제 어디서나 볼 수 있도록 드롭박스에 강의안을 저장한다. 또 강의를 들으면서 주요 내용을 실시간으로 워크플로위에 정리한다. 이렇게 하면 나중에 워크플로위에 정리된 내용만 봐도 강의내용이 떠오르기 때문에 강의안 전체를 다시 보는 것보다 시간을 절약할 수 있다. 워크플로위의 검색 기능을 활용하면 책을 쓸 때 필요한 부분을 바로 찾을 수 있어서 편리하다.

7. MOOC

MOOC(Massive Open Online Courses: 온라인 공개수업)를 활용하면 국내에서는 쉽게 접할 수 없는 외국의 고급 강의를 거의 무료로 들을 수 있다. 자료수집에 도움이 되는 MOOC를 추천하면 아래와 같다. 이 중에서 특히 코세라, 유다시티, 에덱스를 묶어서 3대 MOOC라고 한다. MOOC에 관해서 더 많은 정보는 네이버 블로그 '스노우볼 프로젝트'에 잘 정리되어 있다(http://blog.naver.com/snowballpjt).

코세라

가장 먼저 설립된 MOOC 서비스이다. 스탠퍼드 대학을 중심으로 전 세계 114개 대학과 기관 파트너들이 있으며 강의 수와 학생 수도 가장 많다. 한쪽에 치우치지 않은 다양한 강의를 제공하고 있다(http://coursera.org).

에덱스

코세라와 더불어 MOOC의 쌍두마차로 불린다. 코세라와 비교할 때 과학 분야에 좀 더 강점이 있다. 일부 강의는 AP(Advanced Placement, 고교

심화학습 과정) 과정의 보조 강좌로 사용되며 오픈소스 정책을 사용한다
(http://edx.org).

📝 퓨처런

영국의 서비스이다. 대표가 교육자가 아닌 BBC에서 미디어 채널을 운영했던 경력을 가졌다는 점이 특이하다. 사이트 디자인이 뛰어나고 시사 현안에 대한 다양한 강의를 제공한다. 코세라나 에덱스에 비해 인문, 사회, 정치 분야에 강점이 있다(http://futurelearn.com).

📝 유다시티

컴퓨터 관련 강의에 특화되어 있다. 나노 학위를 취득하면 기업체에 인턴으로 입사할 수 있다. 커리큘럼이 이론보다 실습 위주로 되어 있다. 대부분 무료로 운영되는 다른 MOOC와 달리 전담 코치가 조언해주는 유료 강의가 대부분이지만 수강 만족도는 높은 편이다(http://udacity.com).

📝 이버시티

독일이 주체가 되어 EU권 대학에 제공하는 서비스이다. 비영어권이지만 강의는 영어로 한다. 미국이 아닌 유럽 대학들이 제공하는 강의라 분위기가 색다르며 EU권 고등교육 학점을 제공하는 수업도 있다(http://iversity.org).

📓 유데미

42,000개 이상의 강좌와 1천4백만 명 이상의 수강생이 있는 대형 온라인 학습 서비스이다. 코스도 다양하고 다른 MOOC에 비하여 실용적인 강좌들이 많다. 많진 않지만, 한국어 강좌가 있다는 점도 특징이다(http://udemy.com).

📓 린다닷컴

2015년 링크드인이 인수한 세계 최대 MOOC 중 하나이다. 다른 곳과 달리 멤버십제도로 운영되고 있어서 월 이용료를 내면 모든 강의를 들을 수 있다. 특히 컴퓨터 소프트웨어를 다루는 실습형 강좌가 많고 비즈니스, 교육, 마케팅 등 다양한 분야를 포괄하고 있다. 각 과정은 초급, 중급, 고급, 전체 사용가로 나뉘어 있어서 자신에게 맞는 수준을 선택할 수 있다(http://lynda.com).

8. 비유와 상징

　책의 주제가 종교나 철학, 또는 물리학이나 수학 등 지나치게 추상적이라면 현실 세계에서 구체적인 사례를 찾기 어려울 때가 있다. 이럴 때는 우화나 비유, 상징도 자료로 활용할 수 있다. 이는 예수나 부처, 공자, 마호메트 등의 성인들이 즐겨 사용한 방법이기도 하다.

예수의 비유

　세계 4대 성인 중에서도 특히 예수는 비유의 천재였다. 온갖 핍박 속에서도 예수의 가르침이 온 세상에 퍼진 데에는 비유의 힘이 크다. 예수의 비유는 간결하고 함축적이며 이해하기 쉽다. 예를 들어 '왼손이 하는 일을 오른손이 모르게 하라'는 비유를 보자. 언뜻 단순해 보이지만 이는 매우 세련된 비유다. 왼손과 오른손은 협력적인 관계이면서 동시에 대조적인 관계이다. 왼손에서 무슨 일이 생기면 오른손이 모를 리 없다. '네가 하는 선행을 가장 가까운 사람도 모르게 하라'는 메시지를 이보다 더 분명하게 전달할 수 있을까?

📓 글쓰기와 병법

다음은 연암 박지원이 《연암집》에서 글쓰기를 군대에 비유한 부분이다. 오늘날의 시각에서 봐도 신선한 대목이 많다.

"글을 잘하는 자는 병법을 아는 것일까? 글자는 비유하건대 병사이고, 뜻은 비유하면 장수이다. 제목이라는 것은 적국이고, 전장(典掌) 고사(故事)는 싸움터의 진지이다. 글자를 묶어 구절이 되고, 구절을 엮어 문장을 이루는 것은 부대의 대오(隊伍) 행진과 같다. 운(韻)으로 소리를 내고, 사(詞)로 표현을 빛나게 하는 것은 군대의 나팔이나 북, 깃발과 같다. 조응이라는 것은 봉화이고, 비유라는 것은 유격의 기병이다. 억양 반복이라는 것은 끝까지 싸워 남김없이 죽이는 것이고, 제목을 깨뜨리고 나서 다시 묶어주는 것은 성벽을 먼저 기어 올라가 적을 사로잡는 것이다. 함축을 귀하게 여긴다는 것은 반백의 늙은이를 사로잡지 않는 것이고, 여음이 있다는 것은 군대를 떨쳐 개선하는 것이다."

📓 위상수학과 기하학

2008년에 방영된 EBS 다큐프라임, '피타고라스의 정리의 비밀' 3부에서는 위상수학과 기하학을 등산에 비유해서 쉽게 설명했다.

"산꼭대기를 올라갈 때 우리는 두 가지 문제를 생각할 수 있겠죠. 먼저 과연 꼭대기까지 갈 수 있는 길이 있는가. 그리고 갈 수 있다면 가장 짧은 등산길은 어떤 것인가. 그 두 가지 문제가 있겠죠. 꼭대기까지 가는 길이 있느냐 하는 게 바로 한붓그리기 같은 것을 다루는 위상수학의 문제이고, 짧은 거리, 그리고 얼마나 짧은가 하는 것을 다루는 것이 기하학이라고 할 수 있습니다."

포스트모던과 건물

《지적 대화를 위한 넓고 얕은 지식》의 저자 채사장은 포스트모더니즘을 건물의 해체에 비유한다.

"포스트모던, 탈근대, 현대는 같은 말이며, 모두 근대를 넘어서는 시대를 말한다. 여기서 근대를 넘어섰다는 것은 근대 이성 중심주의를 극복했다는 것을 의미한다. 그래서 탈근대는 이성에 반대하는 반이성을 특징으로 하고, 근대적인 합리성, 효율, 주체, 질서, 규율, 규칙, 통제, 발전, 성장, 기술에 저항하며, 이 근대적 속성들을 안으로부터 붕괴시키려고 한다. 근대가 쌓아 올린 이성과 합리성의 완고하고 질서 정연한 고층건물 안으로 새로 출근한 포스트모던이 걸어 들어가서 취약해 보이는 몇몇 기둥을 손가락으로 밀어 건물을 무너트리는 것이다. 이렇게 근대적 합리성을 내부로부터 붕괴시키는 작업을 '해체'라고 한다."

말하기와 글쓰기

《작가의 문장수업》의 저자 고가 후미타케는 말하기와 쓰기를 텔레비전과 신문에 비유한다.

"말하기와 쓰기는 전혀 다른 행위이다. 똑같은 언어라며 하나의 범주로 묶으면 절대 안 된다. 말을 하고 있을 때의 사람은 '텔레비전'이다. 만면의 미소를 보여줄 수도 있고, 화내며 목소리를 높일 수도 있다. 자신의 기분을 말, 표정, 목소리, 몸짓 등 다양한 의사소통 도구로 전달할 수 있다. 실제로 그렇게 이야기하고 있으며 상대방도 어려움 없이 내 이야기를 듣는다. 반면 문장을 쓸 때의 사람은 '신문'이다. 희로애락을 표정으로 전달할 수 없고, 분노로 떨리는 목소리를 들려줄 방법도 없다. 텔레비전은 둘째이고 '라디오'조차 되지 못한다. 사용할 수 있는 도구는 글(문자)뿐이다. 목소리나 표정 등 손에 익은 무기를 전부 빼앗긴 채 오직 글자라는 막대기 하나로 승부하기를 강요당한다. 자신의 감정을 정확하게 전달하기가 상당히 곤란하며, 글만 읽어야 하는 독자로서도 이해하기 어렵다."

9. 외국 자료

크고 화려한 꽃은 절벽 위에 피어있다. 정보도 마찬가지다. 남들이 쉽게 접근할 수 없는 곳에 가치 있는 정보가 많이 있다. 외국 자료는 일단 언어장벽만 넘으면 신세계를 맛볼 수 있다. 참고로 나도 고등학교 졸업 이후로 따로 영어를 공부해 본 적이 없다. 그 흔한 토익도 안 봤다. 그런데도 외국 자료를 잘 찾아보는 편이다. 인공지능이 도입된 구글 번역기 덕분이다.

구글 번역기

인터넷으로 외국 자료를 검색할 때는 익스플로러보다 크롬을 쓸 것을 추천한다. 크롬은 속도도 빠르고 번역 기능을 제공한다. 우선 크롬 확장 프로그램에서 '구글 번역기'를 설치한다. 크롬에서 외국어로 구글 검색을 하면 외국 자료가 뜬다. 이때 우클릭을 하고 '한국어로 번역'을 클릭해도 된다. 그러나 크롬 기본번역은 아직 인공지능이 적용되지 않아서 정확도가 떨어진다. 확장 프로그램으로 '구글 번역기'를 설치하고 그걸로 번역해야 더욱 자연스러운 번역 결과를 얻을 수 있다.

📝 검색 팁

각 나라에서 구글에 접속하면 자동으로 현지 사이트로 설정돼서 .com 검색을 할 수 없다. 매번 설정을 바꿔주기 귀찮다면 http://www.google.com/ncr로 접속하면 된다. 또한, 검색할 때는 막연하게 키워드만 검색하지 말고 '키워드+ebook', '키워드+best blog', 'how to+키워드' 등으로 조합하면 원하는 결과를 훨씬 빠르고 정확하게 얻을 수 있다. 일본 자료를 검색할 때는 구글 재팬(http://www.google.co.jp)으로 접속한다.

📝 동영상

외국 유튜브 자료는 화면이 나오기 때문에 영어가 잘 안 들려도 대충 이해할 수 있다. 굳이 한국어로 번역하고 싶으면 '설정 > 자막 > 자동번역'을 클릭한 후 '한국어'를 선택하면 되지만 거의 외계어 수준이다. 차라리 '설정'에 들어가서 자막설정을 '영어'로 하면 상당히 정확한 영어자막이 나온다. 눈에 띄는 단어만 해석해도 전체적인 내용을 이해하는 데는 큰 무리가 없다. 한국어 자막보다 영어 자막이 더 이해하기 쉽다.

📝 강의 자료

앞서 이야기한 슬라이드쉐어(http://www.slideshare.net)에 접속하면 영어로 된 프레젠테이션 자료가 많이 있다. 클릭뱅크(http://www.clickbank.com)에는 교재나 동영상 등 디지털 자료가 많이 있다. 다음은 외국 대학의 무료강의 자료 사이트이다.

- MIT: ocw.mit.edu

- 유니버시티 오브 노터데임: ocw.nd.edu

- 터프 유니버시티: ocw.tufts.edu

- 스탠퍼드 대학: itunes.stanford.edu

- UC 버클리: itunes.berkeley.edu(또는 webcast.berkeley.edu)

전자책

아마존에는 전자책이 너무 많아서 어떤 책부터 봐야 할지 모를 때가 많다. 그럴 때는 아마존의 추천기능을 활용하는 것이 좋다. 우선 관심 분야의 책을 한 권 검색하면 아마존의 인공지능(ALEXA)이 자동으로 관련 책들을 추천해주기 때문에 편리하다. 영어가 문제라면 비정상적인 방법이지만 이북을 DRM free로 만든 후 구글 번역기로 번역할 수도 있다.

종이책

아마존에는 콘셉트가 좋은 실용서가 많다. 외국에는 매우 세분된 주제를 다루는 책이 많아서 한 장(章)을 쓸 때 외국책 몇 권을 참고하면 자료가 넘쳐난다. 외국책은 배송비와 관세가 많이 들기 때문에 한 번에 주문할 때 30~40권씩 주문하는 것이 좋다. 배송기간은 보통 보름 정도 걸린다.

책이 도착하면 문서재단기로 책등을 자르고, 양면 스캐너에 넣어서 PDF 파일로 만든다. PDF 파일에는 2가지 종류가 있다. 하나는 문자로

서의 속성이 남아있는 파일이고 다른 하나는 그냥 이미지처럼 인식되는 파일이다. 이미지처럼 인식되는 PDF 파일에서 글자를 인식하려면 별도의 OCR(Optical Character Recognition) 프로그램을 써야 한다. 나는 맥에서 'ABBYY FineReader'라는 유료 앱을 쓰고 있는데 인식률이 99%로 매우 높다(* 문서를 읽을 때 언어설정을 해당 국가의 언어로 바꾸어야 제대로 인식된다). 특히 일본 책은 세로쓰기가 많은데도 인식에 전혀 문제가 없었다.

이런 과정을 통해 외국 종이책을 TEXT 파일로 바꾼 후 비공개 블로그에 올리고 구글 번역기로 번역한다. 놀랍게도 책 한 권이 수초 안에 번역된다. 완벽하지는 않지만, 전반적인 내용을 이해하는 데는 지장이 없다. 더구나 참고자료로서의 책은 일부분만 필요한 경우가 많다. 전체를 다 보겠다는 욕심을 버리고 내가 쓰는 주제와 관련 있는 부분만 집중해서 본다면 외국 종이책 한 권을 번역해서 읽는데 1시간이 채 걸리지 않는다.

10. 자료 배치하기

초고는 백지에서 시작하지 않는다. 자료를 수집하고 분류하는 과정이 이미 초고를 쓰는 과정이다. 흔히 '집필'이라고 부르는 것은 어느 정도 자료가 배치된 상태에서 시작되는 것이다. 이는 마치 이삿짐을 안방에 들어갈 짐, 거실에 들어갈 짐, 건넛방에 들어갈 짐을 부리고 나서 하나씩 정리하는 것과 같다. 글을 쓸 때도 자료를 각 꼭지와 소제목에 맞게 배치한 후 하나씩 깔끔하게 정리해야 한다.

막초고 쓰기

막초고쓰기란 초고를 본격적으로 쓰기 전에 각 꼭지에 자료를 안배하는 것을 말한다. 우체부가 우편번호에 따라 편지를 분류하듯이 자료들의 번지수를 찾아서 적절한 꼭지에 넣어줘야 한다. 자료를 안배하다 보면 어느 꼭지에는 자료가 넘쳐나고 어느 꼭지는 부족하다. 넘치는 꼭지는 불필요한 자료를 덜어내고 모자라는 꼭지는 좀 더 자료를 보충해서 균형을 맞추어야 한다. 한 꼭지에 있는 자료들도 서론과 본론과 결론에 맞게 순서를 정리한다.

각 꼭지에 맞게 자료를 안배하면 책쓰기 작업의 70%가 끝난 것과 같다. 자료를 적절하게 문장으로 풀면 초고가 된다. 많은 사람들이 초고 쓰기를 어려워하는 이유는 '막초고 쓰기' 단계를 건너뛰고 바로 '초고 쓰기' 단계로 들어가기 때문이다. 이렇게 쓰면 아무리 베테랑 작가라고 할지라도 부담스러울 수밖에 없다. 나는 '막초고 쓰기' 방식을 도입한 이후 아무리 길어도 한 달 이내에 초고를 완성하게 되었다. 이 책에서 가장 중요한 개념 중 하나이므로 꼭 익히고 활용하기 바란다.

골고루 쓰기

이때 어느 한 꼭지를 완벽하게 쓰려고 해서는 안 된다. 이는 찰흙으로 인형을 만드는 것과 같다. 얼굴을 완벽하게 만들고 나서 상체를 완벽하게 만들고 다리를 완전히 만드는 경우는 없다. 우선 철사로 된 뼈대에 골고루 진흙을 펴서 바르고 어느 정도 팔, 다리, 머리, 가슴의 형태를 잡아준 후 세부적인 조형에 들어가야 한다. 그런데 많은 초보 저자들이 마치 게임의 각 스테이지를 돌파하듯이 첫 번째 꼭지에서부터 마지막 꼭지까지 일직선으로 완성하려고 욕심을 부린다. 대부분 1/3 지점에서, 좀 더 의욕이 넘치는 사람은 1/2 지점에서 주저앉는다.

이사를 할 때도 아무것도 없는 방에 가구를 들이고 꾸미려면 엄두가 안 나지만 어느 정도 짐이 부려진 상태에서는 정리만 하면 된다. 책을 쓸 때도 마찬가지다. 전체적으로 골고루 자료를 배치하고 정리하면서 점점 책의 꼴을 갖추어 나가야 한다. 그래야 백지의 공포를 겪지 않는다. 먼저

자료를 양적으로 균등하게 배치한 후, 자료 사이의 중복이나 누락이 없고, 자료의 품질이 엇비슷하다면 본격적인 초고를 써도 좋다.

막초고 템플릿

　더욱 쉽게 막초고를 쓰려면 '템플릿'을 활용하는 것이 좋다. 여기서 말하는 템플릿은 자료를 분류하고 배치하기 위한 일종의 우편분류함이다. 전체 꼭지가 템플릿에 따라 비슷한 구조로 전개되면 통일감과 안정감이 생긴다. 오해하지 말아야 할 것은 '템플릿'을 쓴다고 해서 결코 획일적이고 틀에 박힌 글이 되는 것이 아니라는 점이다. 문법은 지키되 다양한 의사 표현을 할 수 있듯이 템플릿을 활용해도 독창적인 글을 쓸 수 있다.

　다음은 내가 책쓰기 코칭을 할 때 실제로 사용하는 템플릿이다. 융통성 있게 가감하거나 변형할 수도 있다. 하지만 쉽게 쓰려고 지나치게 바꾸거나 생략하지는 말아야 한다. 여기서 특이한 점은 본론을 먼저 쓰고 결론, 서론 순서로 쓴다는 점이다. 이렇게 거꾸로 쓰는 이유는 멋있는 서론을 써야 한다는 부담감을 없애고 본론, 즉 콘텐츠에 집중하기 위해서이다. 물론 템플릿을 다 채운 후 본격적으로 집필할 때는 서론-본론-결론으로 순서를 다시 배열해야 한다.

꼭지 제목(심층):
꼭지 제목(표층):

본론 1(4~5줄)
 주제문 :
 근거, 사례, 자료 :
 인용구 :

본론 2(4~5줄)
 주제문 :
 근거, 사례, 자료 :
 인용구 :

본론 3(4~5줄)
 주제문 :
 근거, 사례, 자료 :
 인용구 :

결론(3~4줄)

서론(3~4줄)

[3교시 쉬는 시간] 책쓰기로 사회에 공헌하라

책은 세상에 공헌할 수 있는 수단이다. 이 말이 어쩌면 지나치게 이상적으로 들릴지도 모른다. 당장 나 혼자 먹고살기 바쁜데 무슨 사회에 공헌? 하지만 사회에 아무런 공헌도 하지 않고 살아가는 삶이 과연 보람이 있을까? 예를 들어 오늘은 이쪽 산에 있는 낙엽을 저쪽 산으로 옮기고, 내일은 저쪽 산에 있는 낙엽을 이쪽 산으로 옮기는 일을 반복하는 대가로 먹고 살 만큼의 월급을 준다고 해도 나는 못 한다. 세상을 더 좋게 만든다는 충족감을 느낄 수 없는 무의미한 일이기 때문이다.

책은 인류의 유산이다

책은 인류의 지혜와 정보가 응축된 자산이다. 너무 뻔하고 재미없는 말이지만 사실이다. 책이 있어서 전 세대의 유산은 다음 세대로 전달될 수 있었고 그 덕분에 인류의 문명은 발전할 수 있었다. 그런 의미에서 우리가 한 권의 책을 쓴다는 것은 작게나마 인류의 발전에 공헌한다고 할 수 있다. 우주 속의 티끌 같은 인간에게 이보다 더 의미 있는 일은 없다. 자신의 지식과 노하우를 다음 세대에 전해준다는 것은 성숙한 인간으로서 최대한의 보람을 느낄 수 있는 행위이다.

책을 쓰면 세상에 자신의 흔적을 남길 수 있다. 곰이 한평생을 살다가 가도 나뭇등걸에 한 줌의 털을 남기고 가는 데 하물며 인간이랴? 기록하면 기억되고 기록하지 않으면 잊힌다. 책을 출간하면 국립도서관에 책이 납품되고 국가 문헌으로 영구 보존되어 후손에 전승된다. 일종의 인류문화자산으로 등록되는 것이다. 이는 부자나 권력자도 누리지 못하는, 오직 저자만이 누릴 수 있는 특권이다.

📜 사람은 죽어서 책을 남긴다

상상해 보라. 책을 쓰면 20년이 지난 후에도 성인이 된 자녀들에게 자신이 쓴 책을 보여줄 수 있다. 50년이 지나면 손자들에게 이게 옛날에 할아버지가 쓴 책이라며 서재에서 먼지 덮인 책 한 권을 꺼내줄 수 있다. 아예 책을 쓸 때 미래의 후손에게 들려줄 메시지를 써서 보관해도 좋을 것이다. 호랑이는 죽어서 가죽을 남기고 사람은 죽어서 책을 남긴다.

스티브 잡스는 생전에 다음과 같은 말을 남겼다.

"죽은 후에도 나의 무언가는 살아남는다고 생각하고 싶군요. 그렇게 많은 경험을 쌓았는데 어쩌면 약간의 지혜까지 쌓였는데 그 모든 게 그냥 없어진다고 생각하면 기분이 묘해집니다. 그래서 뭔가는 살아남는다고, 어쩌면 나의 의식은 영속하는 거라고 믿고 싶은 겁니다."

자신의 지혜를 책으로 남긴다는 것은 유한한 생명을 가진 인간이 사람들의 기억 속에 영원히 살아갈 수 있는 방법이다.

📜 일생에 한 권의 책을 남겨라

세상을 바꾼 사상가들은 모두 자신의 저서를 남겼다. 공자의 말을 제자들이 적지 않았다면 오늘날 《대학》이나 《중용》은 없었을 것이다. 부처의 말도 제자들이 적어서 전하지 않았다면 지금처럼 영향력을 발휘하기 힘들었을 것이다. 소크라테스도 그의 말을 제자 플라톤이 기록하지 않았다면 철학사에 발자취를 남겼을 리 없다. 실존주의 철학자 하이데거도 생전에 남긴 《존재와 시간》이라는 단 한 권의 책 때문에 전 세계의 사상에 지대한 영향을 미쳤다.

우리가 한 권의 책을 쓰는 것은 그저 밥벌이를 위한 것이 아니다. 우리가 가진 지혜를 다른 사람과 나누고 세상을 조금 더 살기 좋은 곳으로 만드는 일이다. 그렇게 생각하면 단어 하나도, 문장 한 줄도 삿된 마음으로 쓸 수 없다. 책을 통해 아낌없이 자신의 지식을 나누고 세상을 풍요롭게 만들자. 자신의 능력으로 사회에 공헌하는 것만큼 보람된 일은 없다.

"아무리 좋은 사례를 빌려 썼거나 매끈한 글이라도 이 사회를 잘못된 방향으로 이끄는 글은 좋은 글이 아니다." - 안건모, 《삐딱한 글쓰기》, 보리

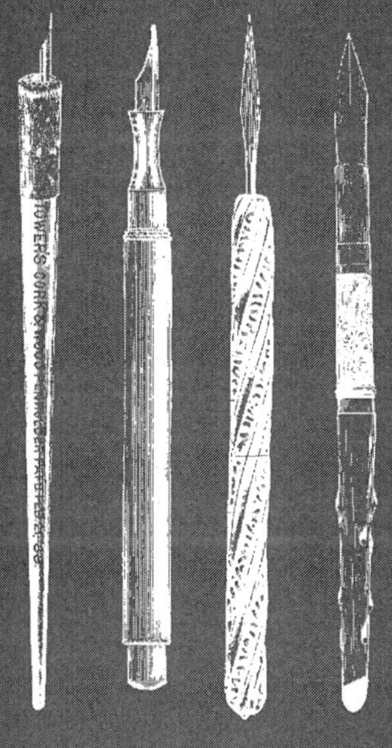

Chapter 4
원고 집필하기

"미국 최초로 노벨 문학상을 받은 싱클레어 루이스는 하버드 대학교에 글쓰기에 관한 강연을 해달라는 초청을 받았을 때 술에 취한 상태로 갔다. 연단에 오른 그는 학생들에게 소리쳤다. "작가가 되고 싶은 학생들은 손을 들어보시오!" 물론 모두가 손을 번쩍 들었다. "그럼 어서 집에 가서 글을 쓸 일이지 왜 여기들 있나?" 그는 비틀거리며 밖으로 나갔다." - 스티븐 테일러 골즈베리, 《글쓰기 로드맵 101》

1. A4 한 장을 쓰는 힘

한 권의 책은 A4 용지로 약 100~120장으로 이루어진다. 책 한 권을 쓰려면 우선 A4 한 장을 쓸 줄 알아야 한다. A4 한 장에 하고 싶은 이야기, 즉 본론을 이야기하고 앞뒤에 서론과 결론을 붙이면 A4 1~2장의 글이 된다. 여기에 이미지를 넣으면 2장 반 ~3장으로 늘어난다. 이는 한 꼭지에 해당하는 분량이다. A4 한 장을 쓸 수 있으면 한 꼭지를 쓸 수 있고, 한 꼭지를 쓸 수 있으면 책 한 권을 쓸 수 있다.

5단 구성

그동안 글을 안 써봤다면 A4 한 장을 쓰는 일도 만만치 않다. 그럴 때는 한 번에 쓰려고 하지 말고 3개의 포인트로 나누어 보자. A4 1/3장 분량의 글 3개를 쓰면 A4 1장이 된다. 예를 들어 '집필환경 세팅하기'라는 꼭지를 쓴다면 ① 집필원칙 세우기 ② 집필 공간과 시간 정하기 ③ 마음 다지기 등 3개의 소제목으로 세분한다. 그리고 각각의 소제목에 대하여 한 단락씩 살을 붙여주면 된다. 여기에 서론과 결론을 붙이면 총 5개의 단락으로 이루어진 꼭지가 된다. 이런 5단 구성은 영미권에서도 통용되는 가장 보편적인 구성법이다.

요컨대 긴 글쓰기를 우리가 다룰 수 있는 짧은 글쓰기로 환원시키는 것이다. 책 한 권을 통째로 쓰기가 부담스러우니까 4~5개의 장으로 나눈다. 하나의 장을 통째로 쓰기가 부담스러우니까 7~8개의 꼭지로 나눈다. 하나의 꼭지를 통째로 쓰기가 부담스러우니까 3~4개의 소제목으로 나눈다. 소제목은 1~3개의 단락으로 구성되며 각 단락은 4~5줄의 문장으로 구성된다. 여기서 본론을 굳이 3개의 소제목으로 나누는 이유는 1~2개는 너무 적고 4~5개는 너무 많기 때문이다. 물론 글쓰기에 익숙해지면 융통성 있게 조절할 수 있다.

인터넷에 연재하기

책 한 권이 완성될 때까지 혼자 글을 쓰면 지치기 쉽다. 하루에 1꼭지씩 써서 블로그나 브런치 등 인터넷에 연재해 보자. 포스팅이 하나씩 올라갈 때마다 성취감을 느낄 수 있다. 댓글로 독자의 피드백을 받을 수 있어서 계속 글이 쓰고 싶어진다. A4 한 장은 약 1,500자 정도로 블로그에 한 번에 올리기에 적당한 양이다.

인터넷에 사전 연재를 하면 예비 독자를 모을 수 있다는 장점도 있다. 독자는 어느 날 갑자기 생기는 것이 아니다. 평소 당신의 글에 관심을 가지고 팔로우 했던 독자들이 책이 나왔을 때 구매할 확률이 높다. 이처럼 출간 전 연재를 하면 재미있게 초고도 쓰고 팬도 확보하는 일거양득의 효과를 볼 수 있다. 인터넷 연재는 작가가 할 수 있는 가장 효과적인 마케팅이다.

인터넷에 글을 올릴 때 가장 추천하고 싶은 곳은 블로그다. 네이버 블로그는 경쟁이 치열해서 상위노출이 쉽지 않다. 그럴 때는 네이버 블로그만 고집하지 말고 구글에도 눈을 돌려보자. 구글은 경쟁이 덜 치열하므로 '티스토리'나 '워드프레스' 블로그에 글을 연재하면 해당 카테고리를 지배할 수 있다. 단, 구글에 글을 올릴 때는 SEO(검색엔진 최적화)에 신경을 써야 한다.

그 밖에 '카카오 브런치'나 '네이버 포스트'같이 이미 활성화되어 있는 플랫폼을 이용하면 단기간에 팬을 모을 수 있다는 장점이 있다. 특히 카카오 브런치는 일 년에 2번 '브런치북 프로젝트'라는 공모전을 연다. 심사를 거쳐 양질의 포스팅은 책 출간을 지원해주는 서비스이다. 출간 후 카카오 측에서 홍보도 해주므로 도전해 보는 것이 좋다.

📓 표절의 위험성?

책의 내용을 인터넷에 미리 올리면 누군가 자신의 콘텐츠를 훔쳐갈까 봐 걱정하는 사람들이 있다. 그러나 인터넷에 글을 올림으로써 얻게 되는 이익이 위험보다 훨씬 크다. 굳이 소송에 휘말릴 위험을 무릅쓰고 남의 글을 훔칠 사람은 별로 없다. 만에 하나 표절을 하더라도 저작권은 먼저 발표한 사람에게 있다. 이는 책뿐 아니라 인터넷에 올린 글에도 같이 적용된다. 구더기 무서워 장 못 담그지 말고 아낌없이 콘텐츠를 공개하자. 좋은 약도 먹어봐야 사람들이 찾는 법이다.

스크리브너로 초고 쓰기

'스크리브너(Scrivener)'라는 집필 전문 프로그램을 사용하면 초고를 쉽게 쓸 수 있다. 스크리브너에는 '바인더'라는 기능이 있어서 토막글을 쓰고 나중에 한 편의 글로 합칠 수 있다. 마치 네이버 카페에서 왼쪽에 있는 메뉴를 클릭하면 해당 게시판으로 바뀌듯, 왼쪽에 있는 바인더에서 쓰고 싶은 꼭지를 클릭하면 해당 꼭지만 쓸 수 있다. 스크롤을 위아래로 왔다 갔다 하며 꼭지를 찾을 필요가 없어서 매우 편리하다. 맥용과 윈도우용이 모두 있으므로 본인에게 맞는 것을 쓰면 된다. 스크리브너를 비롯한 디지털 도구를 활용한 나의 집필 프로세스는 다음과 같다.

메모장(에버노트)에 자료 수집 > 워크플로위로 자료 정리 > 스크리브너로 초고 작성 > 한글 워드에서 세부 편집 > 한글 맞춤법 검사기(유료)로 맞춤법 교정

2. 단위글과 짜임글

한 편의 글은 마치 카드뉴스처럼 여러 장의 슬라이드로 구성되어 있다. 슬라이드 안에 들어가는 키워드나 이미지가 '문단'이고 각각의 슬라이드를 '단위글'이라고 한다. 여러 장의 슬라이드가 모여서 이루어진 완결된 메시지가 '프레젠테이션'이다. 이렇게 글을 하나의 덩어리가 아니라 단위글의 조합으로 인식하면 글쓰기가 쉬워진다.

문단

문단은 하나의 완결된 글 덩어리이다. 문단과 문단은 줄 바꾸기와 들여쓰기로 구분된다. 흔히 '형식 단락'이라고도 한다. 하나의 문단에는 하나의 중심 생각이 있다. 나머지는 모두 중심 생각을 뒷받침해주는 문장이다. 예를 들면 한 장의 포스트잇에 한 줄의 중심 문장과 그것을 뒷받침하는 3~4줄의 뒷받침 문장을 써보자. 그것이 문단이다. 문단은 한 편의 글을 이루는 한 장의 벽돌이며 형식적인 최소단위이다.

단위글

　문단은 1개로 하나의 생각을 전달할 수도 있다. 하지만 비슷한 문단 2~3개가 모여서 통일성이 있는 한 단위의 생각을 전달할 수도 있다. 이것을 '형식 단락'과 구분해서 '내용 단락'이라고 한다. 내용 단락을 다른 말로 '단위글'이라고 한다. 말 그대로 형식 단락은 형식으로 나눈 단락이고 내용 단락은 내용으로 나눈 단락이다. 마치 영화의 한 장면이 여러 컷(형식 단락=문단)으로 구성되지만 내용적으로 하나의 시퀀스(내용 단락=단위글)를 이루는 것과 마찬가지다.

　문단이 벽돌이라면 단위글은 방에 해당한다. 집을 이루는 물질적인 최소단위는 벽돌이지만 기능적인 최소단위는 방이다. 집의 각 부분을 지칭할 때 벽돌단위로 말하는 사람은 없다. '안방', '건넛방'과 같이 방 단위로 말하는 것이 일반적이다. 이는 벽돌이 모여 '방'이라는 하나의 단위를 이룰 때 특정한 기능을 하기 때문이다.

　글에서도 내용상 특정한 기능을 하는 것은 단위글이기 때문에 일반적으로 단위글을 글의 최소 단위로 취급한다. 정리하자면 문장은 '생각'의 최소단위이고, 문단은 생각이 모인 '글'의 최소단위이고, 단위글은 문단이 모인 '내용'의 최소단위이다. 물론 1개의 문단이 곧 1개의 단위글이 될 수도 있다. 하지만 일반적으로 2~3개의 문단이 모여 하나의 단위글을 이루는 경우가 많다. 방금 내가 쓴 3개의 문단이 모여서 소제목 '단위글'이라는 단위글을 이룬 것처럼.

📓 짜임글

　짜임글이란 단위글이 모여서 완성된 한 편의 글을 말한다. 책쓰기로 말하자면 한 꼭지에 해당한다. 하나의 짜임글은 3~5개의 단위글로 이루어진다. 각각의 단위글은 그 역할이 다르다. 비유하자면 아파트의 한 세대가 출입구, 거실, 안방, 건넛방, 부엌, 화장실로 구성된 것과 같다. 출입구는 서론과 결론에 해당하고 나머지는 본론에 해당한다.

　출입구에 '문'이라는 팻말을 붙이고 방문에 '안방', '작은 방' 등의 팻말을 붙일 수 있듯이 단위글에는 소제목을 붙일 수 있다. 소제목은 단락의 주제를 키워드 구 형식으로 간략하게 요약한 것을 말한다. 소제목은 단위글의 내용을 한눈에 알아볼 수 있게 도와준다. 요즘 나오는 책은 가독성을 높이기 위해 한 꼭지에 2~3개의 소제목이 들어간다.

　문단이나 단위글을 구분할 때는 '한 줄 띄어쓰기'를 사용한다. 예전에는 엔터키를 한 번만 눌러서 줄을 바꿔주면 충분했다. 그러나 독서환경이 바뀌면서 사람들은 여백이 없이 이어지는 글을 부담스러워하게 되었다. 단락을 구분할 때 엔터키를 두 번 눌러서 한 줄을 띄워주면 훨씬 가독성이 높아진다. 이 책도 문단과 문단을 한 줄 띄어쓰기로 구분하고 있다. 그래서인지 주변인들에게 초고를 보여주었을 때 '쉽게 읽힌다'는 반응이 많았다.

📓 단위글과 짜임글의 관계

그렇다면 단위글 하나가 짜임글이 될 수도 있을까? 가능하다. 단위글은 독립성을 가진 내용상의 최소 단위이다. 비유하자면 방 한 칸에 하숙생이 살면 방(단위글)이자 집(짜임글)인 것과 같다. 단위글이 모이면 짜임글이 되고 짜임글이 모이면 각 장이 되고 각 장이 모이면 책 한 권이 된다. 마치 방(단위글)이 모여서 한 세대(꼭지)가 되고, 한 세대가 모여서 아파트(장)가 되고, 아파트가 모여서 아파트 단지(책)가 되는 것과 같다. 결국, 단위글을 제대로 쓸 줄 알면 그것을 조합해서 글 한 편도, 나아가 책 한 권도 쓸 수 있다.

☛ 단위글과 짜임글의 관계에 대해서 더 자세히 알고 싶으면 《글쓰기는 주제다》(남영신, 아카넷)를 참고할 것을 추천한다. 글의 논리적인 구성에 대해 매우 명쾌하게 설명한 책이다.

3. 질문과 답변

한 꼭지의 주제문은 독자의 질문에 대한 대답이라고 볼 수 있다. 그러나 어떤 주제문도 한 문장으로 모든 정보를 전달할 수는 없다. 그래서 주제문은 소주제문으로 세분된다. 그러나 소주제문도 그것만으로 모든 메시지를 전달할 수 없다. 소주제문도 그것을 구체적으로 풀어줄 뒷받침 문장들이 필요하다.

주장에 대한 질문

글쓰기는 의문의 해소과정이다. 복습해 보자. 글쓴이가 주제문을 던지면 가상의 독자는 '왜?'라고 묻는다. 이에 대한 대답으로 근거를 제시하면 가상의 독자는 다시 '예를 들면?'이라고 묻는다. 이에 대한 대답으로 사례를 제시하면 가상의 독자는 다시 '증거 있어?'라고 묻는다. 이에 대한 대답으로 자료를 제시한다. 사진, 도표, 그래프 등 증거 자료까지 제시하면 질문이 모두 해소되고 한 단위의 글이 끝난다.

빠진 '정보'에 대한 질문은 일정한 순서 없이 시도 때도 없이 튀어나온다. 독자마다 배경지식의 차이가 있기 때문이다. 예를 들어 철학에 관련된 책을 읽는다면 철학전공자는 술술 읽겠지만, 일반 사람들은 한 줄에 한 번씩 "이게 무슨 뜻이야?"하고 물을 것이다. 묻는 지점이 사람마다 다르기 때문에 일반화할 수 없다.

정보에 대한 질문

정보에 대한 질문은 주로 '육하원칙'으로 나눌 수 있다. 누가, 왜, 무엇을, 어떻게, 언제, 어디서 중에서 독자들이 가장 많이 묻는 것이 '무엇'이다. 독자들은 책을 읽다가 자꾸 모르는 개념이 나오면 책 읽기를 포기한다. 글쓴이는 독자가 책을 덮고 나가기 전에 개념을 쉽게 풀어서 설명해 주어야 한다. 이때 모든 개념을 설명하면 글이 무뎌지므로 예상 독자의 수준을 판단해서 정말로 추가정보가 필요한 개념만 설명한다.

예를 들어 '아인슈타인의 상대성이론이 등장하면서 과학의 패러다임이 바뀌었다'라는 문장을 보자. 이 문장에서 예상 독자들이 모를만한 개념이 '패러다임'이라고 한다면 이렇게 보충 정보를 넣을 수 있다.

'아인슈타인의 상대성이론이 등장하면서 과학의 패러다임이 바뀌었다. 패러다임(paradigm)이란 어떤 한 시대 사람들의 견해나 사고를 근본적으로 규정하는 인식의 체계를 말한다. 예를 들면 지동설이 등장하기 전까지 천동설은 동시대인들의 사고를 규정하는 패러다임이었다.'

다음은 유시민의 《표현의 기술》 59페이지에 나오는 단락이다. 괄호 안에 예상 독자의 질문을 넣어보았다. 예상 독자의 질문에 대한 답변으로 문장이 연결되는 것을 알 수 있다. 물론 저자가 일일이 독자의 질문을 염두에 두고 쓰지는 않았을 것이다. 능숙한 저자는 이런 과정이 자동으로 머릿속에서 일어나기 때문에 특별히 의식하지 않아도 자연스럽게 글이 전개된다.

"다시 한 번 말씀드리면, 정치적 글쓰기에도 예술성이 중요합니다. (왜?) 예술성은 문장의 아름다움과 아울러 독창적인 논리의 미학을 요구합니다. (어떻게?) 그런 글을 쓰려면 생각과 감정에 자유의 날개를 달아 놓아야 해요. (왜?) 고정관념과 도그마에 갇히면 대상을 있는 그대로 보면서 글을 쓸 수 없거든요. (예를 들면?) 보수든 진보든 상관없이, 다수 학설로 통하는 이론과 인식방법을 답습하면 상투적이고 진부한 글을 쓰게 됩니다. (예를 들면?) 현실은 빨주노초파남보인데 흑백필름으로만 사진을 찍어서 현실이 그와 같다고 주장하는 것과 비슷하지요."

글을 혼자 외롭게 쓴다고 생각하지 말자. 가상의 독자와 필담(筆談)을 나눈다고 생각해 보자. 그러면 조금이나마 글쓰기가 즐겁고 가볍게 느껴진다. 물어봐 주는 사람이 없어서 그렇지 일단 누군가 물어보면 답하기는 수월하다. 모르면 '모른다'고 말하는 것도 답이다. 글을 쓰다가 막히면? 독자의 의자에 앉아라. 그리고 스스로 질문을 던져라. 그리고 다시 저자의 의자로 돌아와서 스스로 던진 질문에 답하라. 이것을 반복하면 하루에 A4 10장, 20장도 거뜬히 쓸 수 있다.

4. 분할과 확장

　단위글을 조합해서 한 편의 글이나 한 권의 책을 쓰기 위해서는 분할과 확장의 원리를 알아야 한다. 일기든 소설이든 논문이든 실용서든 세상의 모든 글은 분할과 확장의 원리로 작성된다. 이 원리를 알면 글쓰기가 고통스러운 '창작'이라기보다 정해진 순서대로 하면 일정한 결과물이 나오는 '작업'이 된다.

글쓰기와 세포

　수정란이 분열하고 성장해서 하나의 생명체가 되는 과정은 신비롭다. 단세포인 수정란이 2세포기, 4세포기, 8세포기로 분화되다가 각종 기관으로 분화되고 기관이 서로 연결되어 하나의 생명체가 되어 세상에 나온다. 글을 쓰는 과정도 이와 똑같다. 하나의 주제문이 여러 개의 소주제문으로 분화되고, 각각의 소주제문이 단락으로 확장된 후 한 편의 글이 되어서 세상에 나온다.

🖊 키워드

글을 쓰려면 먼저 글의 씨앗이 있어야 한다. 그것이 키워드이다. 목차를 짤 때 처음에는 완성된 주제문이 떠오르지 않을 수도 있다. 그럴 때는 키워드만 늘어놓아도 좋다. 키워드 하나하나가 주제문으로 발전할 가능성을 가지고 있다(키워드의 예: 인삼).

🖊 주제문

주제문은 주제(키워드)에 대한 작가의 생각을 주어와 서술어가 있는 문장의 형태로 정리한 것이다. 주제문은 크게 사실판단과 가치판단(OO는 OO 해야 한다)으로 나눌 수 있다. 사실판단은 다시 서술어의 종류에 따라 크게 'OO는 OO이다(서술격 조사)', 'OO는 어떠하다(형용사)', 'OO는 OO한다(동사)'의 3가지 유형으로 나눌 수 있다. 주제문은 군더더기 없이 필수 성분만으로 간결하게 써야 한다(주제문의 예: 인삼은 노화 방지에 좋다).

🖊 분할

분할은 하나의 주제문을 3~4개의 소주제문으로 나누는 것이다. 주제문을 툭 던지고 나면 속이 후련한 것이 아니라 오히려 답답해진다. 한 문장으로는 주제문이 담고 있는 모든 정보를 온전히 전달할 수 없기 때문이다. 따라서 주제문을 충분한 수의 소주제문으로 나누어야 한다.

예를 들어 '인삼은 노화방지에 좋다'는 주제문은 다시 '인삼은 혈류를 개선한다', '인삼은 활성산소를 낮춘다', '인삼은 피부재생을 돕는다'는 소주제문으로 세분할 수 있다. 물론 더 나눌 수도 있지만 그러면 글이 난삽해지므로 중요한 순서로 3~4개를 선택하고 나머지는 버리는 것이 좋다. 주제문과 소주제문은 전체집합과 부분집합의 관계여서 소주제문을 합치면 글 전체의 주제문이 되어야 한다.

확장

확장은 각각의 소주제문을 4~5개의 문장으로 이루어진 단위글로 확장하는 것이다. 소주제문도 한 문장만 가지고는 모든 정보를 전달할 수 없다. 4~5개 정도의 뒷받침 문장으로 풀어주어야 한다. 중심 문장과 뒷받침 문장의 관계는 상대적이어서 뒷받침 문장을 다시 확장하면 뒷받침 문장이 중심 문장이 되기도 한다. 이렇게 여러 층위에 걸쳐 확장할 경우 알아보기 쉽게 숫자(①, ②, ③)나 순서(첫째, 둘째, 셋째), 또는 불릿기호(•)를 붙이는 것이 일반적이다.

예문

인삼은 다음과 같은 측면에서 노화 방지에 좋다.

첫째, 혈류를 개선한다. 나이가 들어감에 따라 사용되지 않는 모세혈관의 밀도가 감소하고 피부가 거칠어지면서 주름살이 많아진다. 인삼은 혈류를 개선하여 모세혈관의 밀도를 높이고 나아가 신체나이를 젊게 되돌린다.

둘째, 면역력 강화 등 생리 기능을 활성화한다. 인삼의 주성분인 사포닌은 피부 노화의 원인이 되는 혈중 활성산소를 낮추고 전반적인 신체기능을 활성화하는 역할을 한다.

셋째, 인삼의 사포닌은 세포의 재생을 돕고 탄력을 강화하는 데 도움을 준다. 그래서 조선 시대 최고의 미녀로 손꼽히는 황진이는 인삼을 달여 마시며 피부결을 유지했고, 궁녀들 역시 왕의 총애를 얻기 위해 인삼물로 목욕했다고 한다.

🗒 3줄로 글쓰기

요즘 인터넷 게시판을 보면 '3줄 요약'이라는 말이 있다. 본문이 길고 복잡하면 제대로 읽지 않으니까 딱 3문장으로 요약한 것이다. 반대로 3줄 요약을 확장하면 한 편의 글을 재구성할 수 있다. 소제목으로 분할을 할 때는 주제문으로부터 나올 본문을 '3줄 요약'한다는 마음으로 한다. 반대로 확장할 때는 3줄 요약에 살을 붙여서 다시 본문으로 되돌린다는 마음으로 한다. 3줄 요약과 확장을 반복하는 것만으로도 글쓰기 실력을 크게 향상시킬 수 있다.

5. 주근사자정 공식

소주제문으로 세분화한 글을 확장할 때는 '주근사자정' 공식을 활용한다. '주근사자정'은 주장, 근거, 사례, 자료, 정보의 머리글자를 딴 것이다. 이 5가지가 하나의 단위글을 이루는 요소의 전부이다. '주근사자정'만 알면 어떤 주제문도 순식간에 4~5개의 문장으로 구성된 단위글로 확장시킬 수 있다. 특히 설득하는 글을 쓸 때 반드시 알아야 할 개념이다.

주근사자정

'주장'은 자신의 생각을 단 한 문장으로 툭 던진 것이다. 굳이 멋있게 보이려고 꾸밀 필요도 없다. 예를 들어 친구들과 점심 메뉴를 결정할 때 "오늘 점심으로 짜장면 먹자"고 말하는 것이 주장이다. 단위글의 주제문이라고 할 수 있다.

'근거'는 말 그대로 주장에 대한 이유를 말한다. 여기서 말하는 근거는 아직 구체화하기 전의 추상적인 근거를 말한다. 예를 들어 "오늘 점심으로 짜장면을 먹자"라는 주장에 대해 "짜장면이 짬뽕보다 가격이 싸니까"

를 근거로 제시할 수 있다.

'사례'는 근거를 입증할 수 있는 구체적인 예를 말한다. 예를 들어 "짜장면이 짬뽕보다 싸니까"라는 근거에 대한 사례로 "저번에 OO 반점에 갔는데 짜장면은 5,500원이고 짬뽕은 7,000원이었어"를 제시할 수 있다.

'자료'는 사례를 입증할 수 있는 증거를 말한다. 예를 들어 친구가 OO 반점 사례에 대해 의문을 제시한다면 메뉴판을 찍어온 사진을 제시하거나, 짜장면과 짬뽕의 평균 가격을 그래프로 비교한 신문기사를 증거로 제시할 수도 있다.

'정보'는 어려운 단어나 개념에 대한 보충설명을 말한다. 정보는 '주근사자' 중 어디에도 투입될 수 있다. 예를 들면 "OO 반점 알지? 우리 동네 시장 입구에 있는 곳 말이야"와 같은 식으로 추가정보를 줄 수 있다.

내용 확장하기

'주근사자정' 공식을 활용하면 하나의 소제목을 4~5개의 문장으로 이루어진 단위글로 확장할 수 있다. 일단 자신이 하고 싶은 말을 툭 던지고, 그 말에 대한 근거와 그 근거를 뒷받침할 사례와 그 사례를 증명할 자료를 차례로 제시한다. 그리고 중간중간 추가정보를 보충한다.

이런 두괄식 구조가 너무 딱딱하다면 일단 '주근사자정'으로 글을 쓰고 나서 주제문의 위치를 적절히 옮기면 된다. 주제문(주장)을 맨 앞으로 보내면 두괄식 구성이 되고 끝으로 보내면 미괄식 구성이 된다. 주제문의 위치와 관련해서는 중괄식이나 양괄식이나 병렬식도 있지만, 일단 두괄식과 미괄식만 알면 된다. 나머지는 모두 이 둘의 변형일 뿐이다. 특히 두괄식 구조는 글의 주제를 확실하게 알 수 있다는 장점이 있다.

이때 스스로 묻고 답하면 더욱 쉽게 글을 쓸 수 있다. 독서는 저자와의 대화이고 글쓰기는 독자와의 대화이다. 친구들과 대화를 하면 술술 풀리던 이야기가 혼자 방에 틀어박혀서 글로 쓰려고 하면 도저히 풀리지 않는다. 이는 대화를 주고받을 상대가 눈앞에 없기 때문이다. 맞장구쳐주는 사람이 없이 독백하려니까 힘든 것이다. 그럴 때는 스스로 독자가 되어 자기 자신과 대화를 주고받으면 된다.

예를 들어 '점심으로 짜장면을 먹자'라고 주장을 한 후 스스로 '왜?'라고 물어보자. 그러면 '왜냐하면, 짜장면이 값이 싸니까'라고 자연스럽게 근거를 제시할 수 있다. 여기서 멈추지 말고 또다시 '예를 들면?'이라고 물어보자. 그러면 '예를 들면 OO 반점에서 짜장면은 5,500원이었고 짬뽕은 7,000원이었어'라고 자연스럽게 사례를 들 수 있다. 마지막으로 '증거 있어?'라고 물어보자. 그러면 '내가 거기서 찍어온 메뉴판 사진이야'라고 자연스럽게 증거를 제시할 수 있다.

3문장으로 책쓰기

이제 3문장으로 단위글 한 편을 써 보자. 주장, 근거, 사례에 각각 한 문장씩 할애하고 필요에 따라 추가정보나 이미지 자료를 넣으면 된다. 3줄 요약이 아닌 3줄 창작인 셈이다. 노자의 『도덕경 道德經』을 보면 '道生一, 一生二, 二生三, 三生萬(도는 하나를 낳고, 하나는 둘을 낳고, 둘은 셋을 낳고, 셋은 만을 낳았다)'이라는 대목이 나온다. 참으로 맞는 말이다. 1문장(주장)을 쓸 수 있으면 2문장(주장+근거)을 쓸 수 있고, 2문장을 쓸 수 있으면 3문장(주장+근거+사례)을 쓸 수 있다. 3문장으로 단위글을 쓸 수 있으면 글쓰기의 마지막 단계인 책쓰기도 할 수 있다.

6. 슬라이드식 글쓰기

머릿속에선 너무도 분명하던 생각이 막상 글로 쓰려고 하면 엉켜버린다. 예를 들어 자신이 타고 있는 자동차를 글로 표현한다고 생각해보자. 머릿속에서는 차의 크기며 디자인, 색상, 헤드라이트와 그릴, 시트의 재질까지 입체적이고 동시적으로 떠오른다. 하지만 이것을 글로 쓰는 것은 중고나라에 매물을 올리듯이 앞면, 옆면, 뒷면, 위에서 본 모습, 아래에서 본 모습 등을 사진으로 한 장씩 찍어서 보여주는 것과 같다.

입체와 평면

현실이 입체도형이라면 글은 평면 전개도이다. 현실은 한 번에 모양과 소리와 냄새와 촉감을 모두 전달할 수 있다. 그러나 글은 문장의 전개 순서에 따라 한 번에 한 가지밖에 전달하지 못한다. 현실은 한눈에 그녀의 아름다움을 알 수 있다. 그러나 글은 그녀의 눈, 코, 입, 머릿결, 옷차림을 하나씩 묘사해야 한다. 그래야 독자의 머릿속에서 하나의 완성된 모습으로 '조립'된다. 정보를 얼마나 세밀하게 전달하느냐에 따라 현실에서의 1초가 소설에서는 몇 페이지가 될 수도 있다.

글은 입체인 현실을 될 수 있는 대로 그대로 전달해야 한다. 그러나 단순히 정보를 '많이' 전달하는 것이 아니라 '생생하게' 전달해야 한다. 그것이 글솜씨다. 그녀의 피부가 얼마나 깨끗한지를 표현하기 위해 모공 하나의 생김새까지 꼼꼼하게 묘사할 수도 있다. 그러나 단 한 문장으로 '그녀의 피부는 이제 막 보호필름을 벗겨낸 휴대폰의 액정과도 같았다'라고 표현할 수도 있다. 우리가 국어 시간에 배운 비유법을 비롯한 각종 표현법은 입체인 현실을 평면인 글로 생생하게 전달하는 역할을 한다.

슬라이드식 글쓰기

하나의 단위글은 프레젠테이션에서 슬라이드 1장에 해당한다. 슬라이드식 글쓰기의 원칙은 다음과 같다.

첫째, 슬라이드 1장에는 1개의 주제문 들어간다. 슬라이드는 주제문이 혼자 사는 원룸이어야 한다. 슬라이드 한 장에 2개 이상의 주제문이 있으면 안 된다. 아무리 친한 사이도 원룸에 같이 살면 반드시 싸움이 일어난다. 그럴 때는 따로 방을 구해주어야 한다.

둘째, 슬라이드 1장에는 관련 없는 내용이 들어가면 안 된다. 주제문을 뒷받침해 주는 문장 외에는 모두 군더더기다. 군더더기는 글을 둔하고 보기 싫게 만든다. 불필요하다면 한 글자, 한 음운이라도 줄이자. 글에도 다이어트가 필요하다.

셋째, 슬라이드와 슬라이드는 분량이 비슷해야 한다. 각 단락이 4~5줄 정도로 분량이 엇비슷해야 쓰기도 쉽고 읽기도 쉽다. 슬라이드가 템플릿에 따라 정해진 형식을 따르듯, 같은 자격을 가지고 열거되는 단락들은 문장의 구조나 위치, 분량을 비슷하게 맞추는 것이 좋다. 이것이 균형 잡힌 글쓰기다.

1 단위 1 메시지

하나의 단위에 하나의 메시지를 담는 것은 글쓰기에서 가장 중요한 원칙이다. 각각의 단위는 하나의 메시지를 담고 있으면서 상위 단위에서 다시 하나의 메시지로 묶여야 한다. 이는 부분집합과 전체집합의 관계와 같다. 예를 들어 '가위 바위 보'에 대한 글을 쓴다면 '가위'에 대한 단락은 '가위'에 대한 이야기만 해야 하고 '바위'에 대한 단락은 '바위'에 대한 이야기만 해야 한다. 하지만 각 단락들이 합쳐서 글 한 편을 이루면 '가위 바위 보'라는 하나의 주제에 대해 말해야 한다.

이러한 개념을 책 전체에 적용하면 책 한 권은 하나의 메시지를 담고 있어야 하고 책의 각 장도 하나의 메시지를 담고 있어야 한다. 각 장을 이루는 꼭지도 마찬가지다. 책 전체의 메시지가 분화해서 각 장이 되고 각 장의 메시지가 분화해서 각 꼭지가 된다. 한편, 각 꼭지의 메시지를 합치면 장 전체의 메시지가 되어야 한다. 또 각 장의 메시지를 합치면 책 전체의 메시지가 되어야 한다. 약간 도식적으로 느껴질 수도 있지만 이런 생각의 틀을 가져야 메시지가 분명한 책을 쓸 수 있다.

📓 글로 프레젠테이션하기

　한 편의 글은 하나의 주제로 진행되는 프레젠테이션과 같다. 프레젠테이션은 슬라이드 화면과 그에 대한 강사의 설명으로 이루어진다. 이를 글쓰기에 적용하면 하나의 단위글은 '에피소드 + 저자의 생각'으로 구성된다. 설명하고자 하는 한 가지 개념에 관해서 사례를 보여주고 그에 대한 자기 생각을 말해주는 것이다.

　바꾸어 말하면 하나의 단위글을 쓸 때는 '하나의 장면'을 머릿속에 떠올려야 한다. 머릿속에 있는 화면에 하나의 단어가 떠오르면 키워드가 되고, 하나의 장면이 떠오르면 에피소드가 되며, 하나의 문장이 떠오르면 인용구가 된다. 그리고 머릿속에 떠오른 장면을 독자에게 프레젠테이션하듯이 자기 생각을 펼치면 된다. 한 편의 글은 이렇게 장면과 생각이 번갈아 나오면서 전개된다.

7. 서론 쓰는 법

서론은 이야기를 시작하는 단락이다. 서론의 역할은 그 자체로 메시지를 전달하는 것이 아니라 독자를 유인하여 본론을 읽게 하는 것이다. 서론이 너무 길거나 무거우면 독자들이 도망간다. 음식으로 치자면 서론은 애피타이저이다. 애피타이저로 스테이크가 나오면 안 된다. 서론은 가급적 짧고 가볍게 독자의 흥미를 유발해야 한다.

이야기

이야기는 서론을 시작하는 가장 대표적인 방법이다. 재미있는 이야기를 싫어하는 사람은 없다. 자신의 경험이나 최신 뉴스로 서론을 시작하면 독자는 한 줄만 더, 한 줄만 더, 하다가 본론까지 읽게 된다. 일단 본론을 읽기 시작하면 중간에 멈출 수 없다. 끝까지 읽어야 한다. 이를 '미끄럼틀 효과'라고 한다.

서론에 쓰이는 이야기는 '재신감'이 있어야 한다. '재미있고, 신기하고, 감동적'이어야 한다는 뜻이다. 재미있는 이야기는 자신의 경험, 유머, 우화 등을 말한다. 이런 이야기는 갑자기 떠오르지 않으므로 평소에 메모해 두어야 한다. 신기한 이야기는 뉴스, 어떤 명칭의 유래, 숨겨진 이야기, 놀라운 일화 등을 말한다. 저자는 평소 다양한 분야에 걸친 지식을 쌓아 두어야 한다. 감동적인 이야기는 미담, 위인들의 일화, 다큐멘터리 등 사람들에게 교훈이나 감동을 주는 이야기를 말한다.

이야기 중에 최고는 자신의 체험이다. 그러나 막상 자신의 이야기를 쓰려고 하면 잘 생각나지 않을 수가 있다. 평소 자신의 인생을 돌아보고 이야깃거리가 될 만한 장면을 틈틈이 메모해 두면 책을 쓰거나 강의를 할 때 활용할 수 있다. 사람의 일생은 기계적인 일상이 많아서 막상 이야깃거리를 찾으면 50개도 추리기 어렵다. 포스트잇 1장에 1개의 에피소드를 담는다는 생각으로 체험을 정리해 보자.

명언

명언으로 서론을 시작하면 독자에게 깊은 인상을 줄 수 있다. 명언에는 2가지 종류가 있다. 자신의 체험에서 우러나온 명언과 다른 사람이나 책에서 빌려온 명언이다. 둘 중 더 가치가 있는 것은 당연히 자신의 체험에서 우러나온 명언이다. 이러한 명언은 소박해도 진정성이 있어서 설득력이 있다.

다양한 수사법을 사용하면 평범한 말도 명언처럼 꾸밀 수 있다. 명언을 만드는 수사법으로 개념 재정의, 순서 뒤집기, 대구법, 비유법, 패러디, 언어유희 등이 있다. '침대는 가구가 아닙니다, 과학입니다'는 개념 재정의

에, '특별한 날 와인을 따는 것이 아니라 와인을 따는 날이 특별한 날이다'
는 순서 뒤집기에, '지금 잠을 자면 꿈을 꾸지만, 공부를 하면 꿈을 이룬
다'는 대구법에, '책은 도끼다'는 비유법에, '작가는 99%의 think와 1%의
ink로 이루어진다'는 패러디에, '빚을 남기지 말고 빛을 남겨라'는 언어유
희에 해당한다.

명언이나 속담을 인용할 때 요즘 상황에 맞게 살짝 비틀면 신선한 인상
을 줄 수 있다. 예를 들어 여성의 사회진출이 활발해진 현실을 반영하여
'암탉이 울면 집안이 망한다'를 '암탉이 울면 알을 낳는다'로 바꿀 수 있다.
또 문제 상황에 대한 정부의 미흡한 대처를 비판하는 글에서 '소 잃고 외
양간 고친다'를 '소 잃고 마구간 고친다'로 바꿀 수 있다. 명언 패러디에 대
해 더 알고 싶은 분에게는 《비틀어 글쓰기》(김건호, 비전코리아)를 추천한다.

명언은 평소 책을 읽으면서 꾸준히 수집하는 것이 좋다. 나 또한 휴대
폰 메모장에 별도의 카테고리를 만들어서 좋은 글귀는 그때그때 메모한
다. 이보다 조금 더 편리한 방법도 있다. 네이버나 구글에서 '명언'을 검색
하면 인터넷 명언 사전이 나온다. 인생, 공부, 성공, 친구, 독서, 이별, 도전
등 각종 상황에 맞게 명언이 분류되어 있으므로 쓰고자 하는 주제에 맞
는 것을 찾으면 된다.

질문

서론을 질문으로 시작하면 독자들은 무의식적으로 대답하며 글 속에

참여한다. 자연스럽게 쌍방향 소통이 되는 것이다. 글쓴이가 던진 질문에 대해 독자는 궁금증을 해소하기 위해 글을 계속 읽을 수밖에 없다. 다음은 질문으로 서론을 시작한 사례들이다.

- 동네에서 알부자로 소문난 김OO 할아버지는 아직도 아침마다 동네를 돌아다니면서 폐휴지를 줍고 있다. 그 이유는 무엇일까?

- 유명해야 책을 쓰는 걸까? 책을 써야 유명해지는 걸까? 뫼비우스의 띠처럼 교묘하게 얽힌 문제다. 사람들은 마치 책쓰기에 자격증이라도 있는 것처럼 생각한다.

로드맵

로드맵은 목차처럼 본론에 전개될 내용을 미리 보여주는 것이다. 예를 들어 스티브 잡스는 스탠퍼드 대학 졸업식 축사에서 이렇게 강연을 시작했다.

"오늘 저는 제 인생의 3가지 이야기를 들려드릴까 합니다. 그게 전부입니다. 대단한 이야기는 아니고요. 단지 3가지 이야기일 뿐입니다."

로드맵은 전체 이야기의 구조를 일목요연하게 보여주기 때문에 논리적인 글에 많이 쓰인다. 그래서 논술답안의 서론은 로드맵으로 되어 있는 경우가 많다. 로드맵으로 방향을 잡으면 글이 엉뚱한 방향으로 빠지는 것을 막을 수 있다.

📝 상식을 뒤집는 말

상식을 뒤집는 말로 시작하면 독자의 호기심을 끌 수 있다. 인터넷에서 조회 수를 높이기 위해 자극적인 제목을 쓰는 것과 비슷하다. 다음은 상식을 뒤집는 말로 서론을 시작한 사례들이다.

- 사슴에게 죽임을 당할 확률이 상어에게 습격을 받을 확률보다 높다는 사실을 알고 있는가? 더 정확하게 말하자면 사슴이 자동차 충돌로 당신을 죽일 확률은 상어의 300배나 된다. - 칩 히스 외, 《스틱》

- 피곤할수록 운동을 해야 한다. 미국의 약학 저널 '메디신 사이언스'에 발표된 연구에 따르면 감정적 피로는 육체적 피로를 통해 해소할 수 있다고 한다. - 〈중앙일보〉 기사

- 그녀는 새벽마다 별을 한 사발씩 마신다. 하얀 사기그릇에 정화수를 떠 두 손으로 받쳐 들면 새벽 별들이 정화수 속으로 빠져든다. 그녀는 그 정화수를 마시는 것으로 하루를 시작한다. - 김창완, 《좋은 글 바르게 쓰기》

이 밖에 서론을 시작하는 방법으로 '일반적인 진리로 시작하기', '개념 정의로 시작하기', '반대 의견으로 시작하기' 등 여러 가지가 있다. '일반적인 진리로 시작하기'는 누구나 동의할 수 있는 보편적인 진리로 시작해서 자연스럽게 자신의 주장을 제시하는 방법이다. '개념 정의로 시작하기'는 핵심이 되는 단어의 뜻을 분명하게 밝히고 그것으로부터 논의를 시작하는 방법이다. '반대 의견으로 시작하기'는 반대 의견을 먼저 제시한 후 그

것을 논박하면서 자신의 주장을 제시하는 방법이다.

서론을 시작하는 방법은 이처럼 다양하지만 '이야기, 명언, 질문'으로 시작하는 것이 일반적이다. 특히 '이야기'로 시작하는 방법만 제대로 익혀도 좋은 서론을 쓰기에 충분하다. 욕심만 앞서서 이것저것 사용하기보다는 처음에는 하나의 방법을 확실하게 익히는 것이 좋다. 그 후 새로운 방법을 하나씩 익혀나간다면 서론 쓰기를 정복할 수 있을 것이다.

8. 결론 쓰는 법

결론은 짧아야 한다. 서론보다도 짧아야 한다. 될 수 있으면 3~4줄을 넘지 않는 것이 좋다. 서론이 애피타이저라면 결론은 디저트다. 아무리 본 식사가 맛있었어도 디저트를 많이 먹으면 입맛을 버린다. 결론은 짧고 강렬하게 본론의 메시지를 함축하고 여운을 남겨야 한다.

주제문을 포함하라

결론은 꼭지의 주제문을 포함하는 것이 좋다. 독자는 서론과 본론을 읽는 동안 핵심 내용을 놓칠 수가 있다. 결론에서 다시 한 번 메시지를 밝혀주어야 독자는 읽은 내용을 정리하고 기억할 수 있다. 그러나 주제문을 노골적으로 드러내지 말고 단락 속에 자연스럽게 녹여내야 한다. 꼭지 제목을 조금 변형해서 쓰기도 한다.

인상적인 말로 끝내라

결론에서 여운을 더하기 위해 명언을 인용하는 경우가 많다. 그러나 서론에서도 인용했다면 결론은 담담하게 끝내는 것이 좋다. 또는 서론에서 남의 명언을 인용했다면 결론에서는 자신의 명언을 제시해야 짜깁기한 느낌을 피할 수 있다.

📓 서론과 이어지게 써라

서론과 결론은 원래 하나였다가 반으로 쪼개진 햄버거 빵과 같다. 본론에 온갖 재료가 들어가더라도 서론과 결론이 이어지면 전체적인 통일감을 준다. 다음은 내가 코칭한 《사이다》의 서문이다.

> ① "자네는 죽기 직전에 못 먹은 밥이 생각나겠는가, 못 이룬 꿈이 생각나겠는가?"
>
> - 웹툰, '무한동력' 중에서-
>
> 꿈은 살아서 움직여야 한다. 작은 꿈이든 큰 꿈이든 지금부터 조금씩 이루어가야 굳지 않는다. 큰 꿈을 이루는 데는 시간이 오래 걸린다. 50년 이상 하고 싶은 일을 위해서는 10년도 진득하게 투자할 수 있어야 한다. 급한 마음에 우왕좌왕하다 보면 몇 년이 금방 가고 그때야 준비 기간이 너무 짧다고 허둥댄다. 오래 나는 비행기는 활주로가 길다. 오래도록 자신의 꿈을 이루며 살기 위해서는 활주로에 해당하는 청년 시절에 차별화된 경쟁력을 갖추기 위해 도전해야 한다.
>
> (중략)…
>
> 《사이다》는 꿈에 관한 문답집이다. '사이다'는 두 가지 의미를 담고 있다. 하나는 '답답한 청년들의 속을 뻥 뚫어주는 사이다'라는 의미이다. 다른 하나는 꿈을 '사랑한다, 이해한다, 다행이다'의 줄임말이다. 부디 이 책을 읽은 청년들이 조금 더 무모해지기를 소망해 본다. 옆에서 현실주의를 가장한 멍청이들이 뭐라고 하던, 대책 없이 도전하고 실패하며 인생을 조금 멀리 돌아가기를 바란다. 그래서 ② 마지막 눈 감기 전에 최소한 못 이룬 꿈을 후회하기보다 차라리 못 먹은 밥이 생각나기를 간절히 바란다. ③ 꿈 있는 청춘은 꾸미는 청춘보다 아름답다.

서론의 ①과 결론의 ②가 이어지면서 글 전체에 통일감을 준다. 서론을 남의 명언(①)으로 시작했으므로 결론에서는 자신의 명언(③)으로 끝맺고 있다. ③은 '꾸미는 여자보다 꿈 있는 여자가 아름답다'를 패러디한 것이다.

감정을 건드려라

독자에게 강렬한 인상을 주는 문장을 '펀치 라인'이라고 하고 독자의 감정을 부드럽게 어루만지는 문장을 '터치 라인'이라고 한다. 서론을 펀치 라인으로 시작했으면 결론은 터치 라인으로 끝내고, 서론을 터치 라인으로 시작했으면 결론은 펀치 라인으로 끝내는 것이 좋다.

행동을 촉구하라

한편의 글은 페이싱(서론)-리딩(본론)-행동 촉구(결론)의 흐름으로 되어 있다. 서론에서 독자에게 페이스를 맞춰 글 속으로 끌어들인 후 본론에서 저자가 주도권을 쥐고 리드하고 결론에서 독자에게 행동을 촉구하는 식이다. 글을 쓰는 궁극적인 목적은 독자의 행동을 변화시키는 것이다. 머뭇거리지 말고 독자가 해야 할 행동을 직접 말해주는 것이 좋다.

마지막 한 줄은 지워라

결론의 마지막 한 줄은 군더더기인 경우가 많다. 과감하게 마지막 한 줄을 지우면 주제가 분명해진다. 내가 이 책을 쓰면서 지운 마지막 한 줄만 모아도 족히 한 꼭지 분량은 된다(방금 다음 문장을 한 줄 지웠다).

9. 인용과 저작권

2015년 신경숙 작가의 표절 시비가 불거지면서 문학계가 들썩였다. 신경숙 작가가 쓴 소설 《전설》에 나오는 내용 중 일부가 일본 작가 미시마 유키오의 《우국》과 매우 유사했기 때문이다. 표절이란 일반적인 지식이 아닌 다른 사람의 저작물의 일부, 또는 전부를 몰래 따다 쓰는 것을 말한다. 그렇다면 정당한 인용과 표절은 어떻게 구분할 수 있을까?

✎ 인용하는 법

인용이란 다른 사람의 말이나 글을 자신의 말이나 글에 끌어다 쓰는 것을 말한다. 인용할 때는 반드시 출처를 밝혀야 한다. 예를 들면,

"필요 없는 말을 덜어내는 작업은 중요하다. 하지만 그것은 두 번째로 중요하다. 가장 중요한 작업은 생각을 충분히 뒷받침하는 것이다." - 브랜던 로열, 《탄탄한 문장력》, 카시오페아

와 같은 것이 인용이다. 인용할 때는 큰따옴표로 묶어주고 저자, 제목, 출

판사를 기본적으로 밝혀야 한다. 논문은 더 엄밀하게 번역자, 출간 연도, 쪽수까지 밝혀주어야 한다. 하지만 출처가 지나치게 길면 독자가 읽기 힘들어하기 때문에 대중 서적은 저자, 제목, 출판사까지 밝히는 것이 일반적이다. 책 제목을 표기할 때는《제목》이나『제목』과 같은 기호를 사용한다. 출처가 인터넷 자료일 경우 웹사이트 주소(URL)를 밝혀주어야 한다.

인용의 조건

인용할 때 조심스러운 것이 '표절'의 문제이다. 즉 인용하더라도 출처를 밝히지 않거나 원작자의 허락을 구하지 않고 몰래 쓰면 표절에 해당하는 것이다. 창작하는 사람으로서 표절보다 무서운 것은 없다. 일단 표절한 것으로 낙인이 찍히면 작가로서의 생명은 끝난 것이나 다름없다.

그러나 현실적으로 책에 나오는 모든 내용에 대해서 일일이 원작자의 동의를 구할 수는 없다. 만일 모든 아이디어에 대해서 원작자의 동의를 구해야 한다면 학문이나 예술은 진보하지 못할 것이다. 그래서 저작권법 제28조에 의하면 공표된 저작물은 보도, 비평, 교육, 연구 등을 위하여는 '정당한 범위' 안에서 '공정한 관행'에 합치되게 인용할 수 있다. 책을 쓰는 것은 교육 및 연구의 행위에 해당하므로 '정당한 범위'와 '공정한 관행'만 충족시키면 된다.

합법적인 인용

'정당한 범위'라는 것은 집필하는 책이 주(主)가 되고 인용되는 책이 종(從)이 되어야 한다는 것을 말한다. 인용 부분이 책의 본문보다 많거나, 특정한 책을 집중적으로 인용하면 문제가 될 수 있다. 한편 '공정한 관행'이라는 것은 인용되는 부분을 책의 본문과 구별되게 표시하는 것을 의미한다. 예를 들어 인용된 부분을 따옴표로 표시하고 책의 제목과 저자, 출판사를 밝히는 것이 이에 해당한다. 인용한 부분이 책에서 빠질 경우 내용이 성립하지 않으면 이는 '이용(利用)'에 해당하는 것으로 반드시 원작자의 동의를 구해야 한다.

저작권이란?

저작권이란 'copyright' 즉, '복제(copy)할 수 있는 권리(right)'를 말한다. 저작권법은 저작자의 권리를 보호하기 위해 만들어졌다. 출판은 책이라는 저작물을 복제하여 판매하는 행위이므로 반드시 저작권자의 허락이 필요하다. 만약 저작권이 없다면 다른 사람이 쓴 글을 누구나 공짜로 사용하고 출판할 수 있을 것이다. 이렇게 되면 저자의 창작 의욕이 떨어지고 인류의 문화 발전도 늦어지게 된다.

저작권법에서 말하는 저작물이란 '인간의 사상 또는 감정을 표현한 창작물'이다. 즉 인간이 창작한 것이 아니거나(예: 원숭이가 찍은 사진), 인간이 만들었어도 창작성이 없으면(메뉴판, 요금표) 저작권을 인정받지 못한다. 여기서 말하는 창작성이란 완전한 독창성을 말하는 것이 아니라 다른 저작자의 작품과 구별될 정도의 창작성을 의미한다. '사상 또는 감정' 또한 수준 높은 철학적 사유가 아니라 인간의 정신적 활동의 산물을 말한다.

저작권법의 보호 대상

저작권법의 보호 대상은 내용이 아니라 표현이다. 좀 더 구체적으로 말하면 '말, 문자, 음, 색으로 외부에 표현된 창작적인 표현 형식'만이 저작권법의 보호를 받는다. 따라서 아이디어 자체는 저작권법의 보호를 받을 수 없다. 즉 다른 사람의 아이디어를 참고하더라도 이를 완전히 자기 것으로 만들어서 다른 방식으로 표현하면 괜찮다. 최초의 아이디어가 누구의 것이었느냐에 따라 도의적인 문제는 있을 수 있지만, 법적으로는 아무 문제가 없다.

예를 들어 '가상현실 속에서 벌어지는 이야기'는 누구나 생각할 수 있다. 이러한 아이디어 자체는 저작권법의 보호를 받지 못한다. 그것을 '매트릭스' 같은 영화로 만들어서 외부로 표현했다면 저작권법의 보호 대상이 된다. 따라서 다른 영화감독이 '매트릭스'의 한 장면을 그대로 따라 한다면 표절에 해당한다. 그러나 가상현실이라는 같은 아이디어를 다른 방식으로 표현하면 '13층'이나 '인셉션' 같은 독창적인 작품이 나올 수 있다.

✏ 저작권법에 대해 더 많은 정보가 필요하면 《출판 저작권 첫걸음》(이승훈, 북스페이스)을 참고할 것을 추천한다. 이 꼭지의 내용 또한 위 책의 도움을 많이 받았음을 밝힌다.

10. 글을 쓰다가 막힐 때

많은 글쓰기 책에서 글이 안 써지면 '무조건 앉아서 쓰라'고 말한다. 나는 이 말을 굉장히 싫어한다. 독자는 무조건 쓰는 게 안 되니까 답답한 것이다. 다음은 내가 지금까지 글을 써오면서 글이 막힐 때마다 썼던 방법들이다. 이 중 1~2가지라도 써보면 분명히 효과가 있으리라 장담한다.

결론부터 툭 던진다

멋있는 말로 시작하려고 하면 글이 막힌다. 욕심을 버리고 일단 하고 싶은 말, 결론부터 툭 던져라. 그러면 뜻밖에 다음 문장이 술술 풀려나가는 경우가 많다. 중요한 점은 이러한 '생각'을 머릿속에만 두지 말고 눈으로 볼 수 있게 일단 밖으로 표현해야 한다는 것이다. 머릿속의 생각을 객관화된 문장으로 표현하면 뇌는 그 생각에 대해 다시 생각하면서 다음 문장을 만들어 나간다.

독자의 입장에서 질문한다

툭 던질 결론이 떠오르지 않는다면 독자의 의자에 앉아서 스스로 질문을 던진다. 모든 글의 시작은 질문이다. 그 질문에 대해 단 한 문장으로 답한 것이 결론이다. 결론을 확장해서 한 편의 글을 완성한 다음 질문은 감쪽같이 지워버리자. 자전거 타기가 익숙해지면 보조 바퀴를 떼어버리듯이 말이다.

단순 작업을 한다

창의적인 생각이 잘 안 떠오를 때는 모델 북 필사하기, 인용구 정리하기, 목차 다듬기 등 기계적인 단순 작업을 한다. 몸과 뇌는 연결되어 있어서 몸을 움직이면 뇌도 활동하기 시작한다. 책쓰기와 관련된 단순 작업을 하다 보면 창작의 펌프에 다시 물이 차오를 것이다.

쉬운 꼭지부터 쓴다

굳이 첫 번째 꼭지부터 마지막 꼭지까지 차례대로 쓸 필요는 없다. 글을 쓰다 보면 분명히 막히는 꼭지가 있다. 그런 꼭지는 과감하게 건너뛰고 쓰고 싶은 꼭지부터 쓴다. 쉬운 꼭지를 쓰다 보면 막힌 꼭지를 풀어나갈 실마리가 떠오르기도 한다. 나는 앞 꼭지부터 순서대로 쓰다가 막히면 뒤 꼭지부터 거꾸로 써서 중간에 만나는 식으로 초고를 완성한다. 쉬운 꼭지를 먼저 쓰고 어려운 꼭지만 남으면 여세를 몰아서 어떻게든 끝낼 수 있지만, 어려운 꼭지에 막혀서 한 발자국도 못 나가면 글을 쓸 의욕을 잃는다.

경어체로 쓴다

비상수단이다. 도저히 글이 안 써진다면 경어체로 써보자. 어미를 '~습니다' 또는 '~해요'로 바꾸어 주면 어이없을 정도로 글이 쉽게 풀리는 경우가 많다. 그 이유는 경어체가 실제 대화에 많이 쓰이는 구어체이기 때문이다. 뇌는 집필 모드에서 대화 모드로 바뀌는 순간 신나게 수다를 떨기 시작한다. 일단 경어체로 쓰고 나중에 평어체로 바꾸어도 된다.

경어체의 단점은 군더더기가 많다는 점이다. 일단 경어체로 내용을 쏟아내고 나중에 불필요한 부분을 걷어내야 한다. 고쳐 쓰기를 할 때도 평어체와 경어체를 혼용해서 쓰지 않았나 꼼꼼하게 확인해야 한다.

걷는다

철학자 니체는 "모든 위대한 사상은 걸으면서 품어졌다"고 말했다. 최근 스탠퍼드 대학의 연구에 의하면 걸으면 세로토닌, 도파민, 노르에피네프린 등의 호르몬이 나와서 뇌 기능이 활성화되고 창의력이 높아진다고 한다. 매일 수학 문제를 10문제씩 푸는 것보다 매일 30분씩 산책하는 것이 두뇌 건강에 더 좋다. 생각이 막히면 수첩을 들고 무작정 걷자. 책상 앞에서 안 나던 생각이 마구 떠오를 것이다. 니체뿐 아니라 아리스토텔레스나 임마누엘 칸트도 산책하며 사색했다.

대립키워드를 떠올린다

창의적인 사람은 어떤 문제에 부딪혔을 때 '대립키워드'를 순간적으로 떠올린다. '남자'에 관해 글을 쓰다가 막히면 '여자'에 대해서 써라. 그러면 '여자'와의 비교, 대조를 통해 글을 풍성하게 발전시킬 수 있다. 계속 글을 쓰다가 또 막히면 '인간'의 대립키워드인 '동물'을 떠올려라. 이런 식으로 대립키워드를 떠올리면 글쓰기라는 탱고에서 얼마든지 다음 스텝을 만들어 나갈 수 있다.

"이 세상에 존재하는 모든 성질은 오로지 대비를 통해서만 스스로 드러내는 거지 그 자체만으로 존재하는 건 아무것도 없다." - 허먼 멜빌, 《모비 딕》의 작가

마법의 주문을 외운다

그래도 글이 안 써진다면 마법의 주문을 외운다. 마법의 주문은 '왜냐하면'과 '예를 들면'이다. 주장 뒤에 무슨 문장을 써야 할지 모르겠다면 "왜냐하면?"이라고 주문을 외워보자. 글이 같은 말을 반복하며 제자리를 뱅뱅 도는 것 같다면 "예를 들면?"이라고 주문을 외워보자. 즉시 마법의 효과가 나타날 것이다.

기도한다

여기까지 다 해봤는데도 글이 안 써진다면 최후의 수단이 있다. 기도하는 것이다. 농담이 아니다. 단, 신에게 기도하는 것이 아니라 자신의 무의식에게 기도를 한다. 자기 전에 '나의 무의식아, 내가 이러저러한 글을 쓰고 있는데 어떠어떠한 느낌으로 쓸 수 있게 아이디어를 다오'라고 주문을 하면 다음 날 아침 번쩍 영감이 떠오르기도 한다. 무의식은 우리가 잠을 자거나 다른 생각을 할 동안에도 충직한 하인처럼 24시간 내내 주문에 대한 답을 찾아 준다. 농담처럼 느껴지겠지만 나는 이 방법을 스티븐 킹의 《유혹하는 글쓰기》에서 배웠다.

✏ 참고로 《유혹하는 글쓰기》에서 가장 인상 깊었던 구절은 '부사와 형용사를 지워버려라. 지옥으로 가는 길은 부사와 형용사로 덮여있다'였다. 당시에는 지나친 말이 아닌가 했는데 지금 다시 보니 정말로 맞는 말이다.

[4교시 쉬는 시간] 책쓰기는 최고의 학습법이다

"일생에 한 권은 책을 써라!"

일본 메이지 시대의 철학자이자 교육자였던 모리 신조의 말이다. 흔히들 책쓰기의 유익으로 물질적 성공을 강조한다. 남보란 듯이 고급 외제 차와 좋은 집을 자랑하기도 한다. 하지만 책쓰기의 진짜 유익은 정신적 성장에 있다. 책쓰기는 인간이 할 수 있는 지적 활동의 최고봉이다. 책을 쓰면 창의력, 논리력, 정보수집력, 의사소통능력 등 거의 모든 지적 능력이 향상된다.

책을 써야 똑똑해진다

책을 쓰려면 주제에 대해 나름의 관점을 확보한 다음 자료를 수집하고 조직하고 표현하고 검토하고 수정해야 한다. 독자의 입장에서 문제를 상상하고 그들의 문제를 해결해 줄 수 있는 메시지를 구성하고, 쉽고 재미있게 문자로 표현할 수 있어야 한다. 이러한 작업은 가장 높은 수준의 지적 능력을 요구한다. 힘이 세서 역기를 드는 것이 아니라 역기를 들어서 힘이 세지는 것처럼, 똑똑해서 책을 쓰는 게 아니라 책을 쓰는 과정에서 똑똑해진다.

예를 들어 생활 속의 심리학에 관한 책을 쓴다고 가정해 보자. 우선 관련 도서 100권 정도를 읽고 관련 강의를 들어야 한다. 이 과정에서 읽기와 듣기 능력이 향상되고 지식이 폭발적으로 늘어난다. 또한, 모은 자료를 체계적으로 조직하고 정리하며 논리적 사고력과 정보처리능력이 발달한다. 이 자료를 바탕으로 글을 쓰는 과정에서 표현력이 좋아지고 책을 출간한 다음 강의를 하게 되면 말하기 능력이 발달한다. 책쓰기 하나로 읽기, 듣기, 쓰기, 말하기 능력이 모두 계발되는 것이다.

독서의 끝은 책쓰기다

흔히 독서를 하면 인생이 바뀐다고 말한다. 하지만 책을 쓰면 더 크게 바뀐다. 독서의 끝은 책쓰기로 통한다. 뇌는 정보를 수용할 때보다 생산할 때 훨씬 많이 변화한다. 지적인 도약을 이루기 위해서는 지식의 소비자에 머물지 말고 지식의 생산자로 변신해야 한다. 독서로 인생을 바꾼 사람보다 책을 써서 인생을 바꾼 사람이 더 많다. 일류 독자보다 삼류 저자가 낫다.

나도 책을 쓰기 전에는 일주일에 2~3권, 한 달에 8~10권, 일 년에 50~60권의 책을 읽었다. 그러나 책을 쓰기 시작한 이후 한 달에 100권 정도의 책을 사서 하루에 3~4권씩 독파한다. 그렇다고 속독을 배운 것도 아니다. 책 속의 지식을 빨아들여서 책으로 재생산해야 한다는 분명한 목표의식이 생겼기 때문에 이전과는 전혀 다른 양과 질로 독서를 하게 되었다.

책을 쓰기 전 3년 동안 이룬 지적 성장보다 책을 쓰면서 3개월 동안 이룬 지적 성장의 폭이 훨씬 크다. 지식의 양도, 정보처리 능력도, 생각의 깊이도 비교가 되지 않는다. 겉모습은 같은 사람이지만 속은 완전히 다른 사람이 된 것이다. 아이가 어른이 되듯, 책쓰기를 통해 어른도 더 큰 어른이 될 수 있다. 내가 쓴 책의 높이만큼 딛고 올라서서 더 넓은 세상을 볼 수 있다.

책쓰기로 뇌를 바꿔라

뇌는 가소성이 있어서 자극을 받으면 변한다. 택시기사는 공간지각을 담당하는 뇌의 부분이 일반인의 2~3배로 발달하여 있다. 바이올리니스트는 바이올린의 현을 집는 왼손가락을 담당하는 뇌의 부분이 발달하여 있다. 학습이란 결국 뇌를 바꾸는 것이다. 책을 쓰려면 단기간에 엄청난 양의 정보를 받아들이고 재구성해서 표현해야 한다. 그 과정에서 번데기가 나비로 바뀌듯이 뇌에 지각변동이 일어난다. 지식 소비자의 뇌에서 지식 생산자의 뇌로 바뀌는 것이다.

미래는 IQ나 EQ가 높은 사람이 아니라 BQ가 높은 사람이 선도할 것이다. BQ(Bookwriting Quotient)란 정보를 수집하고 조직하고 표현하고 소통하는 총체적인 책쓰기 능력을 말한다. 한 권의 책을 쓰는 방법을 깨우친 사람은 평생 백 권의 책도 쓸 수 있다. 책쓰기로 BQ를 키우자. 미래를 두려워하지 않는 힘이 생긴다.

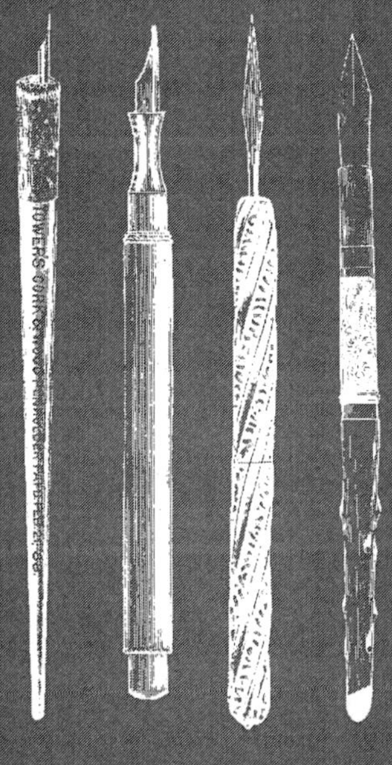

Chapter 5
출간하기

"나는 머지않아 사라지겠지만, 책은 영원히 남을 것이다."

- 에드워드 기번, 《로마제국쇠망사》

1. 기획출간

　원래 기획출간은 출판사에서 책을 기획한 후 저자를 섭외해서 출간을 진행하는 것을 말한다. 그러나 일반적으로는 저자가 출판사에 투고 해서 출간하는 것도 기획출간이라고 본다. 여기서는 저자가 투고하는 방식을 위주로 살펴보겠다.

기획출간의 장점

　기획출간은 많은 장점이 있다. 우선 출간 전반에 관하여 출판사가 주도하기 때문에 저자가 제작비를 부담하지 않아도 된다. 저자는 오히려 초판에 대한 선인세를 받는다. 선인세란 초판(보통 1,000~3,000부)에 해당하는 인세를 일시금으로 미리 받는 것을 말한다. 출판사에서는 판매가 잘되도록 디자인이나 홍보에도 신경을 쓴다. 편집 디자인은 물론 교정, 교열, 윤문 등에 있어서도 수준급의 품질을 기대할 수 있다. 따라서 가능하면 기획출간을 하는 것이 좋다.

📝 기획출간의 단점

기획출간의 단점은 성사율이 매우 낮다는 것이다. 무작정 투고를 했을 시 출간계약으로 이어질 확률은 5% 미만이다. 주위의 투고 사례를 보건대 실제로는 1~2% 선이라고 짐작된다. 투고되는 원고의 질이 낮으면 물론이고, 설령 원고가 좋아도 트렌드와 맞지 않으면 출간 계약으로 이어지기 힘들다. 출판사의 입장에서 다른 사람의 책에 내 돈을 투자해야 한다고 생각하면 쉽게 이해가 갈 것이다.

📝 기획출간 성공 팁

1) 전체 원고를 보낸다

샘플 원고만 보내는 것보다 전체 원고를 보내는 쪽이 채택될 확률이 높다. 출판사 입장에서는 완성된 원고를 다듬으면 되니까 원고가 늦어질 걱정이 없다. 담당자로서는 원고독촉이라는 큰 일거리를 하나 덜은 셈이다.

2) 출간기획서를 잘 쓴다

출간기획서는 비즈니스의 투자제안서나 마찬가지다. 출판은 자선사업이 아니다. 아무리 내용이 좋아도 안 팔릴 책에 투자할 출판사는 없다. 출간기획서를 쓰는 방법은 '1장 기획하기'에서 자세히 다루었다.

3) 전략적으로 투고한다

출판사 수백 군데에 한꺼번에 투고하는 것을 '묻지 마 투고' 또는 '베티블루식 투고'라고 한다. 당연히 성사율이 낮을 수밖에 없다. 투고할 때는 타깃 출판사를 정해야 한다. 자신의 책과 유사한 분야의 책을 출간한 출판사에 투고하는 것이 확률이 높다.

또한, 출판사를 5~10개씩 그룹으로 묶어서 단계적으로 투고하는 것이 좋다. 우선 A그룹에 보내고 반응이 없으면 출간기획서를 수정해서 B그룹에 보내고, 또 부족한 점이 있으면 수정해서 C그룹에 보내는 식이다. 한꺼번에 다 보내지 말고 그룹별로 1~2주 정도 기간을 두는 것이 좋다.

단체 메일을 보낼 때는 네이버 메일을 기준으로 '환경설정 > 쓰기 설정 > 받는 사람이 여러 명일 때 개인별로 보냅니다'에 체크한다. 그렇지 않으면 출판사가 메일을 열어보았을 때 다른 출판사의 이메일 주소가 함께 보여서 좋은 인상을 줄 수 없다.

4) 영향력을 키운다

결국, 출간계약 여부는 책이 잘 팔릴 것이냐 안 팔릴 것이냐에 달려있다. 저자가 뉴스레터, 블로그, 페이스북, 카페 등을 통해 많은 팬을 거느리고 있다면 오히려 출판사 측에서 먼저 책을 내자고 제의할 것이다. 분명한 콘텐츠가 있고 많은 예상 독자에게 영향력을 끼질 수 있다면 출간계약의 확률은 비약적으로 높아진다.

2. 자비출간

자비출간은 저자가 출간비용을 부담하는 것을 말한다. 최근에는 출판시장이 열악해지면서 반 자비출간도 생겨났다. 초판 판매분에 대해서는 저자에게 인세를 지급하지 않는다든지, 초판 몇백 부를 저자가 구입하는 식의 조건으로 계약하는 것을 말한다. 여기서는 이런 방식을 모두 자비출간으로 간주한다.

자비출간의 장점

자비출간의 가장 큰 장점은 진입 장벽이 낮다는 것이다. 상업성이 없는 원고라고 할지라도 저자가 비용을 부담하면 출간할 수 있다. 또 인세 비율이 높아서 35~50%까지 책정되어 있으며 출간된 책은 저자가 직접 강의 교재 등으로 소비할 수도 있다. 자비출간은 초보 저자가 첫 책을 출간하는 가장 확실한 방법이다.

자비출간의 단점

한정된 예산으로 진행하기 때문에 편집 및 디자인의 품질이 기획출간에 비해 다소 떨어질 수 있다. 마케팅을 최소한으로 진행하기 때문에 판매에 따른 인세수익을 크게 기대하기 힘든 부분도 있다. 무엇보다도 편집자의 피드백이 없이 혼자 책을 쓰기 때문에 원고의 질이 떨어질 수 있다는 점이 가장 큰 단점이다.

자비출간 성공 팁

원고의 품질을 높이기 위해서는 책쓰기 강의를 수강하거나 1:1 컨설팅을 진행할 수 있다. 콘텐츠는 좋은데 집필능력이 떨어진다면 윤문, 리라이팅, 대필 전문작가와 협업해서 작업할 수도 있다. 편집 및 디자인은 프리랜서 디자이너에게 맡기고 인쇄 및 유통만 대행업체를 이용하기도 있다.

자비출간 진행 과정

먼저 인터넷에서 자비 출판사를 검색하고 홈페이지에서 예상 견적을 뽑아본다. 자비출간은 많이 팔리지 않기 때문에 1쇄에 500~1,000부 정도를 찍는 것이 일반적이다. 출간비용은 300~500만 원 정도가 든다. 그 후 출간 계약서를 작성하고 완성 원고를 넘기면 출판사 측에서 교정, 교열 및 편집 디자인을 진행한다. 최종적으로 서점에 납품되기까지 보통 1달 정도가 걸린다.

대표적인 자비출판사

- 북랩: http://www.book.co.kr

- 밥북: http://www.bobbook.co.kr

- 좋은땅: www.g-world.co.kr

3. 독립출간

독립출간은 저자가 직접 출판사를 차려서 출간하는 것으로 '자가 출판' 혹은 '1인 출판'이라고도 한다. 출간에 대한 모든 것을 스스로 결정하므로 자유도는 높아지지만, 자칫 집필보다 잡무에 시간을 빼앗길 수 있다. 최근에는 독립출간을 지원하는 다양한 서비스가 생겼으므로 전문적인 부분은 아웃소싱을 하는 것이 좋다.

독립출간의 장점

독립출간은 집필부터 기획, 출간까지 저자 혼자서 진행하기 때문에 저자의 의도를 100% 반영할 수 있다. 누구의 눈치도 보지 않고 자기가 만들고 싶은 책을 마음껏 만들 수 있다. 판매수익이 일반적인 인세보다 훨씬 높기 때문에 유명저자들은 자신이 직접 출판사를 차리기도 한다.

독립출간의 단점

독립출간은 잡무가 많아서 온전히 집필에 집중할 수가 없다. 또 교보, 예스24 등 대형 서점은 10종 미만의 소형 출판사는 상대하지 않는다. 총판 업체를 이용할 수 있지만, 비용정산이 느리고 부도의 위험이 있다. 실제로 2016년 말 총판 업체인 송인서적이 부도가 나면서 많은 중소출판사가 타격을 입은 바 있다. 마지막으로 세금 및 비용정산 등의 행정처리가 번거로울 수 있다.

📝 독립출간 성공 팁

텀블벅(https://tumblbug.com)이나 다음 스토리펀딩(https://storyfunding.daum.net) 등의 크라우드펀딩 업체에서 북펀딩을 진행하면 독자도 미리 모으고 출판비용도 절감할 수 있다. 그러나 북펀딩을 성공적으로 진행하려면 철저한 사전계획이 있어야 한다는 점을 명심해야 한다. 행정처리가 번거롭다면 출판사 등록만 하고 디자인, 교정 교열, 인쇄, 유통, 판매대금 정산 등은 외주 업체를 이용할 수도 있다.

📝 출판사 등록과정

출판사를 차리려면 출판 등록과 사업자 등록을 해야 한다. 출판 등록은 말 그대로 출판사를 등록하는 것이다. 사업자 등록은 출간하는 책을 상업적으로 판매하는 데 필요하다.

1) 출판 등록

구비서류: 주민등록증, 사무실 임대차계약서 사본 1부, 인장

담당 기관: 출판사를 등록하고자 하는 주소지의 시, 군, 구청 문화공보과 (혹은 관련 부서)

절차: 해당 구청에 비치된 출판사 등록 신청서를 작성하고 500원짜리
수입증지를 붙여서 제출한다. 담당 공무원이 확인하면 약 4~5일
이후 출판등록증이 발급된다.

2) 사업자 등록

구비서류: 출판사 등록증 사본, 사무실 임대차계약서 사본, 인장

담당 기관: 담당세무서 민원실

절차: 담당세무서 민원실에서 사업자 등록 신청서를 작성하고 접수하면
약 4~5일 후 사업자 등록증이 발급된다. 경우에 따라 출판 등록
을 우선 하고 사업자 등록은 나중에 할 수도 있다.

독립출판 전문서점

최근에는 온오프라인 서점을 거치지 않고 직접 독립출판물을 판매하
는 전문서점이 늘고 있다.

- 홍대 유어마인드
- 홍대 땡스북스
- 이태원 다시서점
- 종로 더북소사이어티
- 종로 가가린
- 용산 스토리지북앤필름
- 부산 프롬더북스

4. 무료출간

무료출간은 해피소드, 부크크, 교보퍼플 등 무료출판 플랫폼을 활용하여 자가출간하는 방식을 말한다. 투고를 하거나 비용을 들이지 않고 출간할 수 있다는 점에서 진입 장벽이 가장 낮다. 하지만 상업용 책보다 교정 교열과 디자인 등 완성도가 떨어지기 때문에 개인 문집이나 자서전 등의 출간에 적합하다.

무료출간의 장점

무료출간은 기본 옵션으로 진행할 경우 출간비용이 거의 들지 않는다. 텍스트 위주의 소설이나 시집이라면 굳이 자비출간을 하지 않고 무료출간을 해도 충분한 경우가 많다. 주문이 들어오는 만큼 디지털로 찍어내는 POD(Print-On-Demand) 방식으로 출간되기 때문에 재고가 쌓이지 않고 인세도 25~35%로 높은 편이다. 온, 오프라인 서점에도 유통할 수 있다.

무료출간의 단점

무료출간의 가장 큰 단점은 디자인이다. 기본 옵션을 선택할 경우 상당

히 조악한 디자인이 나온다. 또한, 유통 범위가 좁아서 특정 사이트에서
만 판매되는 경우가 많다. 아직 정식출간이라는 인식이 높지 않아서 퍼스
널 브랜딩 효과가 떨어진다.

무료출간 성공 팁

디자인은 유료 서비스 옵션을 통해 어느 정도 극복할 수 있다. 소정의
비용(5~30만 원)을 내면 기본 옵션보다 훨씬 세련된 디자인을 할 수 있다.
또는 포토샵, 일러스트레이터, 인디자인 등의 프로그램 사용법을 배워서
직접 디자인할 수도 있다. 어도비사의 정품 소프트웨어는 매우 비싸다. 무
료로 사용할 수 있는 프로그램을 활용해도 기본적인 작업을 할 수 있다.

- 김프: 포토샵 대체 프로그램(http://www.gimp.org)
- 잉크스카이프: 일러스트레이터 대체 프로그램(https://inkscape.org)
- 스크라이버스: 인디자인 대체 프로그램(http://www.scribus.net)

무료출간 플랫폼

- 해피소드 http://www.happisode.com/
- 부크크 http://www.bookk.co.kr
- 교보퍼플 http://pubple.kyobobook.co.kr

5. 전자출간

전자출간이란 종이책이 아닌 EPUB나 PDF 파일로 유통되는 e-book을 출간하는 것을 말한다. 온라인 서점에서 구입할 수 있으며 스마트폰이나 전용 단말기로 내려받아서 볼 수 있다. 대표적인 전자책 플랫폼으로 리디북스(https://ridibooks.com)가 있다.

전자출간의 장점

전자출간은 사업자 등록 없이도 집에서 쉽게 출간할 수 있다. 제작비가 안 들거나 매우 저렴하며 말 그대로 누구나 저자가 될 수 있다. 또 종이책보다 적은 분량의 원고로도 출간할 수 있고 오디오, 동영상, 링크 등의 멀티미디어를 삽입할 수 있다. 아마존은 전자책이 매우 활성화되어 있어서 해마다 수많은 전자책이 출간되고 있다.

전자출간의 단점

아직 우리나라에서 전자책이 차지하는 비율은 5% 이내로 미미하다. 내용이나 디자인의 완성도가 떨어지는 경우가 많으며 종이책보다 퍼스널 브랜딩 효과도 약하다. 아직까지는 종이책을 출간해야 제대로 된 저자로 인정받는 분위기이다. 여러 가지 면에서 전자출간은 아직 비주류 시장이라고 할 수 있다.

전자출간 성공 팁

종이책을 출간하면서 전자출간도 함께 진행하는 것이 좋다. 무협, 판타지, 로맨스 등의 장르문학은 전자책만 출간해도 수익을 낼 수 있다. 비매품으로 만들면 온라인에 배포해서 카페나 홈페이지로 고객을 모으는 용도로 활용할 수도 있다. 대표적인 전자책 제작 도구로 나모펍트리 에디터, sigil 에디터, 이북스타일리스트, 윙크 등이 있다.

전자출간 플랫폼

- 유페이퍼 http://www.upaper.net
- 이페이지 http://epage.co.kr
- 에스프레소북 http://espressobook.com

6. 프로필 쓰는 법

프로필은 짧고 강력한 자기소개서이다. 독자가 프로필을 보는 순간 저자가 무엇을 하는 사람이고 어떤 인생을 살아왔는지 한눈에 알 수 있어야 한다. 시중에 판매되고 있는 책들의 프로필을 보면 국회의원 선거 벽보처럼 스펙을 열거하는 경우가 많다. 차라리 간결하게 핵심만 쓰는 것이 낫다.

사진

사진은 증명사진보다 상반신이 보이는 프로필 사진이나 실제 일하는 공간에서 자연스럽게 찍은 사진이 좋다. 엄숙한 표정보다 정면에서 환하게 웃은 사진이 좋은 인상을 줄 수 있다. 사진을 넣는 것이 부담스러우면 캐릭터로 대체하거나 생략할 수도 있다.

주요 이력

주요 이력은 책의 주제와 관련 있는 것만 3~5개 선별해서 항목으로 간결하게 적는다. 문장으로 풀어서 쓸 수도 있지만 장황하게 쓰지 않도록 주의해야 한다.

📝 스토리텔링

스토리텔링은 현재 > 과거 > 미래 순으로 쓴다.

- 현재: 자신이 하는 일을 태그 라인과 함께 분명하게 전달한다. 독자에
게 줄 수 있는 차별화된 이익을 밝혀야 한다. 독자는 어떤 문제를 해
결하기 위해 당신의 책을 집었다. 다른 어떤 책도 아닌 당신의 책이
그 문제를 해결해 줄 수 있다는 확신을 심어주어야 한다.

- 과거: 현재의 위치에 오기까지 과거에 어떤 삶을 살았는지 이야기한
다. 사람들은 고난을 겪고 승리한 영웅 스토리를 좋아한다. 영웅 스
토리의 공식은 다음과 같다. 평범하던 사람이 > 갑작스러운 위기를
겪고 > 바닥까지 추락했다가 > 조력자를 만나 > 차례로 위기를 넘
기며 > 결국 승리한다.

- 미래: 앞으로의 비전과 포부를 밝힌다. 지나치게 많은 분량을 할애할
필요는 없고 1~2줄이면 충분하다.

📝 연락처

- 홈페이지: 웹사이트나 카페 등 운영하는 사이트 주소를 적는다. 각종

SNS를 난삽하게 적는 것보다 대표적인 것을 하나만 적는 것이 좋다.

- 연락처: 이메일이나 휴대폰 번호를 적는다. 사이트와 마찬가지로 대표적인 것 하나만 적는다.

7. 서문 쓰는 법

서문은 '프롤로그' 혹은 '머리말'이라고도 한다. 서문은 원고를 다 쓰고 제일 마지막에 써야 한다. 왜냐하면, 서문에는 이 책이 무엇에 관한 책인지, 어떻게 읽어야 하는지 등이 들어가야 하는데 그것은 저자 자신도 책을 다 쓰기 전에는 모르기 때문이다. 분량은 간결하게 A4 1~1장 반 정도로 쓰는 것이 좋다.

내용

서문에는 독자에 대한 약속이 들어있어야 한다. 즉 이 책을 읽으면 독자가 무엇을 알게 되고, 무엇을 할 수 있게 되는지, 독자에게 무슨 이익이 있는지를 분명하게 밝혀주어야 한다. 그러기 위해서는 다음의 3가지 질문에 답할 수 있어야 한다.

- Why: 왜 이 책을 읽어야 하는가?
- What: 이 책은 무엇에 관한 내용인가?
- How: 이 책은 어떻게 읽어야 하는가?

📓 구성요소

서문에는 다음과 같은 요소가 들어간다. 각각의 질문에 대해 3~4줄로 답한 후 자연스러운 흐름이 되도록 합치고 다듬는다.

- 예상 독자
- 책을 쓰게 된 배경
- 책의 주제
- 독자가 얻게 될 이익
- 다른 책과의 차별점
- 책의 구성 및 활용법

📓 예문

다음은 내가 코칭했던 《청춘멘토 황선찬의 사이다》의 서문이다.

> "자네는 죽기 직전에 못 먹은 밥이 생각나겠는가, 못 이룬 꿈이 생각나겠는가?"
>
> - 웹툰, '무한동력' 중에서-
>
> 꿈은 살아서 움직여야 한다. 작은 꿈이든 큰 꿈이든 지금부터 조금씩 이루어가야 굳지 않는다. 큰 꿈을 이루는 데는 시간이 오래 걸린다. 50년 이상 하고 싶은 일을 위해서는 10년도 진득하게 투자할 수 있어야 한다. 급한 마음에 우왕좌왕하다 보면 몇 년이 금방 가고 그때야 준비 기간이 너무 짧다고 허둥댄다. 오래 나는 비행기는 활주로가 길다. 오래도록 자신의 꿈을 이루며 살기 위해서는 활주로에 해당하는 청년 시절에 차별화된 경쟁력을 갖추기 위해 도전해야 한다.
>
> 경쟁력을 가지려면 자신만의 명확한 기준을 세워서 준비해야 한다. 나는 마라톤 풀코스를 완주하기 위해 그 4배인 160㎞와 줄넘기 10만 개를 준비한다. 운동을 몇 년간 안 해도 이 두 가지 기준만 통과하면 나는 마라톤 풀코스를 완주할 수 있다. 사하라 마라톤 250㎞도 그 4배인 1천㎞를 연습했기 때문에

완주할 수 있었다. 수능 만점자 출신인 꿈친구 오대교 작가에 의하면 수능에서 수학 1등급을 받으려면 수학 문제를 하루에 30문제씩 풀면 된다고 한다. 20문제씩 풀면 2등급, 10문제씩 풀면 3등급이다. 이 것이 기준이다. 기준이 없으면 아무리 준비해도 내심 불안하다. 하지만 기준을 중심으로 준비하면 충 분히 미래의 꿈을 이룰 수 있다.

나는 과거에 집착하는 사람하고는 이야기를 하지 않는다. 그런 사람은 현재가 비참하고 미래의 꿈이 없기 때문이다. 미래를 붙잡기 위해서는 과거를 놓아야 한다. 현재에 충실하면서 밝은 미래를 꿈꾸면 가슴 설레는 삶을 살 수 있다. 나는 이 책을 집필하면서 수백 명의 청년을 만났다. 암울한 현실 속에서 도 꿈으로 가득 찬 청년들을 보면서 우리나라의 미래는 여전히 밝다는 것을 느낄 수 있었다. 이 책은 '내가 왕년에'로 시작하는 늙다리의 넋두리가 아니다. 20대 청년과 50대 청년의 살아있는 대화이다. 나이만 적다고 청년이 아니다. 꿈이 있어야 청년이다. 꿈이 있는 한 사람은 늙지 않는다.

《사이다》는 꿈에 관한 문답집이다. '사이다'는 두 가지 의미를 담고 있다. 하나는 '답답한 청년들의 속 을 뻥 뚫어주는 사이다'라는 의미이다. 다른 하나는 꿈을 '사랑한다, 이해한다, 다행이다'의 줄임말이 다. 부디 이 책을 읽은 청년들이 조금 더 무모해지기를 소망해 본다. 옆에서 현실주의를 가장한 멍청이 들이 뭐라고 하든, 대책 없이 도전하고 실패하며 인생을 조금 멀리 돌아가기를 바란다. 그래서 마지막 눈 감기 전에 최소한 못 이룬 꿈을 후회하기보다 차라리 못 먹은 밥이 생각나기를 간절히 바란다. 꿈 있는 청춘은 꾸미는 청춘보다 아름답다.

8. 후기 쓰는 법

후기는 '에필로그' 또는 '맺음말'이라고도 한다. 후기는 초고를 끝낸 다음 여운이 남아 있을 때 몰아서 쓰고 나중에 천천히 다듬는 것이 좋다. 분량은 서문과 마찬가지로 A4 1~1장 반 정도가 좋다. 서문과 이어지는 부분이 있으면 책 전체에 통일성을 준다.

내용

후기에는 '내적 변화'와 '외적 변화'가 드러나야 한다. 내적 변화란 책을 쓰면서 깨달은 점, 정신적 성장, 미래에 대한 비전 등을 말한다. 외적 변화란 책을 쓰면서 일어난 물질적 변화, 성공, 주변 사람들의 대우 등을 말한다. 내적 변화와 외적 변화가 함께 어우러질 때 저자로서의 성장이 드러난다.

구성요소

후기에는 다음과 같은 요소가 들어간다. 각각의 질문에 대해 3~4줄로 답한 후 자연스러운 흐름이 되도록 합치고 다듬는다.

- 책의 핵심메시지

- 책을 쓰면서(쓰고 난 후) 일어난 에피소드

- 책을 쓰면서(쓰고 난 후) 깨달은 점

- 앞으로의 계획과 비전

- 인상적인 끝맺음 말

- 감사 인사

✎ 예문

다음은 내가 코칭했던 《청춘멘토 황선찬의 사이다》의 후기이다.

> 얼마 전 세 번째 책을 쓰기 위해 남극을 다녀왔다. 그곳에서 얼음을 깨고 펭귄들과 수영을 하면서 깨달은 것이 있다. 선택의 갈림길에서 남들이 가지 않는 힘든 길을 선택해야 경쟁이 없는 블루오션을 만날 수 있다는 사실이었다. 미국, 중국, 유럽으로 여행을 가는 사람은 많다. 그러나 남극까지 가는 사람은 극소수다. 그 사람 중에서도 혹한에 웃통을 벗고 얼음 바다에 뛰어든 사람은 100명이 넘는 사람 중 나를 포함해 6명밖에 없었다. 그러니 험한 길을 자처해서 가면 경쟁이 사라질 수밖에!
>
> 나의 첫 번째 책인 《사하라로 간 세일즈맨》을 보면 '터널이 기적을 만든다'라는 말이 나온다. 어두운 터널을 지나지 않고는 절대로 기적은 일어나지 않는다. 그래서 어떤 사람들은 일부러 터널을 만들어서 통과하기도 한다. 언뜻 어리석어 보이기도 하지만 세상을 바꾼 미친 짓은 있어도 세상을 바꾼 평범함은 없다. 인생을 살아갈 때도 마찬가지이다. 예전에 강화도에 놀러 갔다 개펄을 걸은 적이 있다. 한 발을 힘들게 빼서 내밀면 다른 발이 더 깊이 들어갔다. 요즘 젊은이들이 처한 수렁 같은 현실과 비슷했다. 그럴 때는 발밑만 보고 걸어선 안 된다. 찬란하게 빛나는 별을 보고 걸어야 뻘을 벗어날 수 있다.
>
> 작년에 책을 낸 덕분인지 최근에는 세일즈와 관련 없는 청소년 수련회나 회사 워크숍에 자주 강사로 초청을 받는다. 그동안 내가 맘껏 도전하고 즐겼던 경험들이 이제는 남들이 비싼 강의료를 주고 불러서 듣고 싶은 높은 가치가 되었다. 사람들은 나를 초청하면서 이렇게 말한다. "1% 가능성에 도전했던 이야기를 해주세요. 보통 사람들은 50%의 가능성이 있어도 나머지 50%의 실패위험을 보고 포기하려고 하거든요." 1%의 가능성에 도전하는 사람들이야말로 100%의 기회를 얻을 수 있다.

5년 후 나는 사하라 사막 250㎞ 마라톤에 다시 한 번 도전하려고 한다. 내 삶의 기적을 만들려고 일부러 어두운 터널을 지나려는 것이다. 굳이 또다시 힘든 길을 선택하는 나의 어리석음을 비웃지 마시길. 뜨겁게 불타는 모래사막이 나에게는 경쟁이 없는 쉬운 길이다. 도전이 멈추면 성장도 멈추고, 성장이 멈추면 삶도 멈춘다. 사람은 죽는 때와 땅에 묻히는 때가 다르다. 꿈이 멈추는 때가 죽는 때이고 숨이 멈추는 때가 땅에 묻히는 때이다. 그래서 꿈을 포기하지 않는 사람은 땅에 묻혀서도 죽지 않는다. 고대 신화의 영웅들은 모두 별이 되지 않았던가.

≪사이다≫는 청년들과의 문답 600개 중 중요한 문답 100개를 추린 것이다. 재능기부 차원에서 시작한 멘토링이 내 삶에 이렇게 많은 의미를 줄지는 미처 몰랐다. 청년들에게 도움을 주려고 시작했는데 그 과정에서 오히려 내가 많은 것을 배우고 느꼈다. 이 깨달음을 바탕으로 또 한 권의 책을 조심스레 세상에 내놓는다. 이 책이 나오기까지 같이 격려하며 도와준 '성공작' 꿈 친구들, 바쁜 일정 속에서도 선뜻 일러스트를 맡아 준 안OO 작가, 동료이자 파트너인 정OO, 신주섭, 친구 이OO, 마지막으로 수많은 질문을 선물한 청년들에게 감사의 말을 전한다. 그들 모두가 이 책의 저자들이다.

[5교시 쉬는 시간] 출판 용어 총정리

다음은 출판과 관련해서 저자가 알아야 할 기본적인 출판 용어들이다. 실제로는 이보다 훨씬 많은 출판 용어들이 있지만, 전문 출판인이 아니라면 이 정도만 알아도 충분하다. 여기서 소개하는 용어들은 정식 명칭이 아니라 출판 현장에서 통용되는 용어들이다.

인쇄방식

- 옵셋(Off-set): 인쇄판을 이용해서 인쇄하는 방식을 말한다. 대량으로 한꺼번에 인쇄하며 가장 일반적인 방식이다. 재고의 부담이 있지만, 권당 생산비는 저렴한 편이다. 한 번에 많이 찍을수록 권당 생산비는 낮아진다.
- POD(Print-On-Demand): 디지털 방식으로 인쇄하는 주문형 출판 방식을 말한다. 절판 도서 등을 옵셋 방식보다 소량으로 출판할 때 많이 사용된다. 재고의 부담이 없지만, 권당 생산비는 옵셋보다 비싸다.

판형

판형은 책의 크기를 말한다. 다음은 출판에 가장 많이 쓰이는 4개의 판형이다.

- 국배판(210×297mm): 사진이 많은 잡지에 많이 쓰인다.

- 46배판(188×257mm): 참고서나 교과서 등에 많이 쓰인다.

- 신국판(152×225mm): 소설, 자서전, 실용서 등에 많이 쓰인다.

- 다찌판(128×210mm): 판형이 작아서 시집 등에 많이 쓰인다.

✎ 단행본으로는 신국판이 가장 많이 쓰인다.

쪽수

쪽수는 완성된 책의 페이지 수를 말한다. A4로 된 원고의 쪽수를 말하는 것이 아니므로 주의해야 한다. 보통 A4 용지의 쪽수에 대략 2~2.5를 곱하면 완성된 책의 예상 쪽수가 나온다. 판형이 크거나 이미지가 거의 안 들어갈 경우 2를 곱하고, 판형이 작거나 이미지가 많이 들어가는 경우 2.5를 곱한다. 250페이지 내외가 일반적이다.

정가

정가는 책의 가격을 말한다. 정가가 너무 낮으면 판매수익이 적고 독자들도 내용이 부실하다고 느낀다. 반대로 정가가 너무 높으면 독자들이 구입을 망설인다. 책은 가격에 민감한 상품이므로 정가를 잘 책정해야 좋은 책을 내고도 안 팔리는 사태를 막을 수 있다. 신국판 250페이지 내외일 경우 보통 12,000~15,000원 사이로 책정한다.

제책 방식

제책 방식은 책을 만드는 방식으로 크게 양장, 반양장, 무선으로 나뉜다.

- 양장: 실로 꿰 속지를 하드커버로 싸서 만드는 방식이다. 견고하고 고급스럽지만, 제작비가 비싸다. 두껍고 소장가치가 있는 사전이나 장서류 등에 많이 사용된다.
- 반양장: 실로 꿰 속지를 소프트커버와 함께 붙이는 방식이다. 양장에 비해 견고함은 떨어지지만, 무선보다는 튼튼하다. 대학교재나 종교 서적 등에 많이 사용된다.
- 무선: 일명 '떡제본'이라고도 하는데 속장과 표지를 접착제로 붙이는 방식이다. 제작비가 저렴하고 빨리 만들 수 있어서 일반적으로 무선을 많이 선택한다.

인쇄 색도

인쇄 색도는 본문의 컬러를 말한다.

- 1도: 흑백이다. 제작비가 저렴하고 농도에 따라 명암 표현이 가능하다.
- 2도: 2가지 색을 사용한다. 기본적으로 활자에 흑색을 쓰고 소제목이나 페이지 표시, 강조하는 부분에 다른 색을 사용한다.
- 4도: 컬러를 말한다. 3도는 거의 쓰이지 않으며 색도가 올라갈수록 제작비가 비싸진다.

- 스노우지: 눈처럼 하얀 무광택 종이다. 비용이 저렴하고 깔끔해서 표지에 가장 많이 사용된다.

- 아르떼지: 은은하고 따뜻한 질감이 느껴지는 무광택 종이다. 스노우지보다 비싸지만 고급스럽다. 랑데뷰지나 르느와르지는 제조사가 다를 뿐 아르떼지와 같은 종이로 보아도 좋다.

- 아트지(아드지): 가장 저렴하다. 종이 자체에 광택이 있고 대중적이어서 주로 소책자 표지에 많이 쓰인다. 흔히 '아드지'라고도 한다.

🖋 평량: 종이 1㎡의 무게를 평량이라고 한다. 250g/㎡는 가로 1m, 세로 1m인 종이의 무게가 250g이라는 뜻이다. 사무용 A4 용지의 평량은 80g/㎡이다. 평량이 클수록 종이가 두꺼워지므로 표지용으로는 200g/㎡ 이상이 많이 쓰인다.

📜 **내지**

- 미색 모조지: 일반적으로 내지에 많이 쓰는 종이다. 재질이 매끄럽고 약간 노르스름한 빛이 나서 눈의 피로를 줄여준다. 본문의 양이 많으면 80g/㎡를 사용해서 두께를 줄여주고, 본문의 양이 적으면 100g/㎡를 사용해서 적당히 볼륨감을 준다. 80g/㎡는 약간 뒤비침이 있고 100g/㎡는 뒤비침이 없다. 평량에 따라 책등(세네카)의 두께가 달라지므로 계산을 잘해야 한다.

- 이라이트지: 약간 누렇고 거친 재생지 느낌의 종이다. 원목을 가공한
  미색 모조지에 비해 나무 부스러기를 활용해서 만들기 때문에 친환
  경적이다. 종이 속에 기포를 함유시켜서 일반 종이보다 20% 정도 가
  볍다. 부피에 비해 가벼워서 적은 페이지의 책이라도 두툼해 보이고
  휴대가 편하다는 장점이 있다. 가격은 미색 모조지와 큰 차이가 없지
  만 재질 때문에 좀 저렴해 보일 수 있다.

후기

황금 족쇄를 벗었다.

내가 교직을 그만둔다고 했을 때 주변에서 다들 미쳤다고 했다. 요즘 같은 불경기에 나가서 뭘 먹고살 거냐고. 여기가 전쟁터라면 밖은 지옥이라고. 2년만 더 버티면 평생 연금을 받을 수 있는데 조금만 더 참으라고. 그러나 나는 책쓰기 교육에서 비전을 보았다. 한 사람을, 한 사회를 바꿀 수 있는 밝은 힘이 책쓰기에 있었다. 그렇기에 아무 두려움도 없이 뛰어들 수 있었다.

본격적으로 책쓰기 코칭을 하면서 많은 분을 만났다. 몇몇 책쓰기 강의를 전전하다가 마지막으로 나를 찾아와서 3달 만에 출간하신 분, 책을 내고 뉴스 기사에 나오고 잡지 표지에도 실리신 분, 사업이 잘 풀려서 평생 소원하던 주류 사회에 진입하신 분, 평범한 초등학교 교사였다가 동화 작가로 거듭나신 분 등등. 정성껏 코칭한 책이 출간될 때마다 내 책이 나온 것처럼 뿌듯했다. 때로는 나의 미숙함으로 상처를 주기도 하고 상처를 받기도 했다. 그럴 때면 코칭을 그만두고 차라니 내 책만 쓰는 게 낫겠다는 생각도 들었다. 그러나 나는 가르치는 일이 천직(天職)이었다. 힘들 때마다 나 자신을 반성하고 더 나은 방법을 찾아 연구에 연구를 거듭했다.

　그 과정에서 남들과 차별화되는 나만의 책쓰기 방법을 찾을 수 있었다. 제목을 못 지을 때, 목차가 안 떠오를 때, 글이 막힐 때 막연하게 '열심히 써라'가 아닌 문제를 해결할 수 있는 구체적인 방법을 찾을 수 있었다. 그리고 이 방법을 다른 분들에게 알려드렸을 때 어김없이 효과가 나타나는 것을 보았다. 이제 그 방법을 더욱 많은 독자와 나누고자 《1인 창업을 위한 책쓰기 교과서》를 집필하게 되었다. 대장간에 가위 없다고 다른 분들의 책을 코칭하다 보니 정작 내 책이 늦었다. 더 많은 내용을 담고 싶었지만 지면 관계상 절반밖에 못 담은 점이 아쉽다.

　나의 다음 목표는 대한민국의 청소년들이 책쓰기로 꿈을 이루도록 도와주는 것이다. 내가 8년간 교직에서 지켜본 학생들의 모습은 타조 나라에서 달리기 경쟁을 하는 펭귄과 독수리와 같았다. 획일적인 입시경쟁에 내몰려 물갈퀴가 다 닳고 날개 깃이 빠져도 단 하루도 맘 편히 쉬지 못하는 모습을 보며 안타까웠다. 섬을 떠나야 섬이 보인다고 했던가? 학교를 떠나니 교육이 보인다. 학생 시절부터 책쓰기를 통해 독서력과 문장력을 키운다면 자신의 인생을 더욱 현명하게 경영할 수 있음을 물론, 미래 사회에서 경쟁력을 가지고 대한민국을 이끌 인재로 성장하리라 확신한다.

　사람은 좋아하는 일을 하면서 살아야 한다. 좋아하면 자주 하게 되고, 자주 하게 되면 잘하게 된다. 나는 책쓰기 교육이라는, 내가 좋아하는 일을 선택했기에 지금까지 지치지 않고 잘 해올 수 있었다. 남들이 할 수 없는 일을 해서 남들은 갈 수 없는 길에 이르고자 한다. 내가 황금 족쇄를 벗을 용기를 낼 수 있도록 응원해 준 모든 분들에게 감사한다. 그들 중 한 명이라도 없었다면 나 역시 이 자리에 없었을 것이다.

2017년 4월

책쓰기 교육 전문가 백건필

부록: 참고도서 목록

• 창업 참고도서

《제로창업》, 오시에 마사루 외, 이노아딤북스
《메신저가 되라》, 브렌든 버처드, 리더스북
《부의 추월차선》, 엠제이 드마코, 토트
《아내가 창업을 한다》, 권민, 유니타스브랜드
《제로 투 원》, 티퍼 틸 외, 한국경제신문
《세미나셀링》, 폴 캐러식, 더난출판사
《브랜딩 불변의 법칙》, 알 리스 외, 비즈니스맵
《육일약국 갑시다》, 김성오, 21세기북스
《장사의 신》, 우노 다카시, 쌤앤파커스
《스타트업 바이블》, 빌 올렛, 비즈니스북스
《슈독》, 필 나이트, 사회평론
《5명만 모이면 비즈니스가 되는 모임의 기술》, 엔도 아키라, 리텍콘텐츠
《기획의 정석》, 박신영, 세종서적
《성과를 지배하는 바인더의 힘》, 강규형, 스타리치북스
《파이프라인 우화》, 버크 헤지스, 아름다운사회
《해적들의 창업이야기》, 최규철 외, 비전비앤피
《마흔 넘어 창업》, 린 베벌리 스트랭, 부키
《나는 다만 재미있는 일을 했을 뿐이다》, 서승환, 알에이치코리아
《권도균의 스타트업 경영수업》, 권도균, 로고폴리스
《배민다움》, 홍성태, ㈜북스톤
《사업의 철학》, 마이클 E. 거버, 라이팅하우스
《설득의 심리학》, 로버트 치알디니, 21세기북스
《고객의 80%는 비싸도 구매한다》, 무라마츠 다츠오, 씨앤톡
《실패에서 성공으로》, 프랭크 케트거, 씨앗을뿌리는사람
《내 회사 차리는 법》, 마이클 E. 거버, 크리에디트
《100달러로 세상에 뛰어들어라》, 크리스 길아보, 더퀘스트
《일본전산 이야기》, 김성호, 쌤앤파커스
《졸업장 없는 부자들》, 마이클 엘스버그, 21세기북스
《게으른 백만장자》, 마크 피셔, 밀리언하우스
《프리》, 크리스앤더슨, 랜덤하우스코리아

- 글쓰기 참고도서

《제목은 뭐로 하지?》, 앙드레 버나드, 모멘토
《책을 내고 싶은 사람들의 교과서》, 요시다 히로시, 다산
《책쓰기의 모든 것》, 송숙희, 인더북스
《글쓰기 기본기》, 이강룡, 창비
《뚜껑 대신 마음을 여는 공감 글쓰기》, 이강룡, 뿌리와이파리
《작가의 문장수업》, 고가 후미타케, 경향BP
《글쓰기는 주제다》, 남영신, 아카넷
《연암에게 글쓰기를 배우다》, 박현찬, 위즈덤하우스
《카피책》, 정철, 허밍버드
《비틀어 글쓰기》, 김건호, 비전비엔피
《문장력 높이기 기술》, 장하늘, 다산초당
《2000자를 쓰는 힘》, 사이토 다카시, 루비박스
《유시민의 글쓰기 특강》, 유시민, 생각의길
《심플》, 임정섭, 다산초당
《글쓰기 정석》, 배상복, 쌔인아이북스
《나를 바꾸는 글쓰기 공작소》, 이만교, 그린비
《연봉이 달라지는 글쓰기》, 가와카미 데쓰야, 컬처그라퍼
《논리적이면서도 매력적인 글쓰기의 기술》, 강미은, 원앤원북스
《스틱!》, 칩 히스 외, 엘도라도
《안정효의 글쓰기 만보》, 안정효, 모멘토
《다산선생 지식경영법》, 정민, 김영사
《발레리 선집》, 폴 발레리, 을유문화사
《꽂히는 글쓰기》, 조 비테일, 웅진윙스
《내 작은 출판사 시작하기》, 이승훈, 북스페이스
《유혹하는 글쓰기》, 스티븐 킹, 김영사
《캐시버타이징》, 드류 에릭 휘트먼, 글로세움
《당신의 책으로 당신을 말하라》, 이임복, 영진미디어
《탄탄한 문장력》, 브랜던 로열, 카시오페아
《표현의 기술》, 유시민, 생각의길
《기자의 글쓰기》, 박종인, 북라이프